Daniel Glattauer · Bekennen Sie sich schuldig?

Daniel Glattauer

Bekennen Sie sich schuldig?

Geschichten aus dem Grauen Haus

Die Deutsche Bibliothek – CIP Einheitsaufnahme

Glattauer, Daniel:
Bekennen Sie sich schuldig? Geschichten aus
dem Grauen Haus / Daniel Glattauer. –
Wien: Döcker, 1998
ISBN 3-85115-261-1

Umschlag: Oliver Schopf/fuhrer
Kern: Markus Zahradnik
Lektorat: Sabine Kruse

ISBN 3-85115-261-1

A-1030 Wien, Hintzerstraße 11

Druck: Ueberreuter Print

Vorwort

Das kommt in den besten Familien vor

Und die Hunde

Hart an der Bagatellgrenze

Gearbeitet wurde auch

Seine Täterpersönlichkeit war eben nicht stark genug

Rauben ist einfach zu einfach

Immer ich, hundert Leut' ham denselben Schmäh

Aber tun Sie was gegen Ihren Drang

Bürgerlich angeheitert, so zwei Liter Wein

Warum gerade den linken Zeigefinger

Und bestes Kokain obendrein

Sind Sie so a wichtige Person

Sie sollten sich schämen

Hat er das Feuer gemeldet

Geh mir aus der Schußlinie

Berichter vor dem Richter

Wie lange machen Sie das schon?
Zwölf Jahre.
Regelmäßig?
Mehrmals wöchentlich.
Also gewerbsmäßig. Und wer ist auf die Idee gekommen, diese, äh, nennen wir sie Gerichtsgeschichten in Buchform zu veröffentlichen?
Das hat sich so ergeben.
Kommen wir zum Inhalt. Finden Sie das lustig?
Teils lustig, teils traurig. Oft komisch. Ich finde Menschen komisch, wenn sie so sind, wie sie sind. Im Gericht sind sie besonders so, wie sie so sind. Da gehen sie in ihren Rollen auf.
Aber Strafprozesse sind ernste Angelegenheiten.
Möchte man meinen. Es sind Alltagsgeschichten, die über das Ziel schießen, die den Rahmen der Strafgesetze sprengen. Aber die Menschen sind die gleichen wie überall. Egal ob Verbrecher, Anwälte oder Richter.
Was haben Sie gegen Richter?
Überhaupt nichts. Im Gegenteil. Manche bewundere ich für ihre Geduld. Bei manchen fasziniert mich die Ungeduld. Sie machen ihren Job, die einen besser, die anderen schlechter.
Sie spotten!
Die Richter? Ja, hin und wieder tun sie das, leider, aber es fällt ihnen gar nicht auf. Es ist diese ewige Routine.
Da stumpft man zwangsläufig…
Nein, ich meine Sie! Sie spotten!
Ich? Nein. Das tue ich nicht. Ehrlich. Ich beschreibe nur, was ich sehe und höre. Skurrile Situationen im Gericht, und wie die Menschen damit umgehen. Besser könnte man das gar nicht erfinden. Es sind Realsatiren. Die irrsten Sachen sind eben wahr.

Zum Beispiel?

Zum Beispiel »Sex in der S-Bahn«. Ein Mädchen sagt, sie sei vom Schaffner vergewaltigt worden. Der Schaffner sagt, das Mädchen sei freiwillig zu ihm ins Abteil gekommen.

Es kommt zur Gegenüberstellung, Sie sagt: Der war es aber nicht. Er sagt: Die war es aber nicht. Also hat es mindestens zwei Mädchen, zwei Schaffner und zweimal Sex gegeben. Und das innerhalb weniger Stunden und Stationen. Jetzt rechnen Sie einmal hoch, was sich in unseren Schnellbahnen abspielt!

Es gibt auch Schaffner, die so etwas niemals tun würden.

Möglicherweise. Aber verlangen Sie nicht von mir, daß ich darüber schreibe.

Manche Ihrer Texte sind ungustiös.

Zum Beispiel?

Die Sache mit den Waranen, die in einer Wiener Wohnung verfault sind. Wen soll das interessieren?

Zum Beispiel Tierliebhaber, die sich gerade einen Waran anschaffen wollen. Die wissen jetzt, daß es ihre Lieblinge heiß haben müssen. Sonst verfaulen sie eben. Das ist natürlich.

Oder der Arzt, der sich seinen Zeigefinger mutwillig mit der Fräsmaschine abgeschnitten hat. Das ist ja grauenhaft.

Der Finger war mit siebeneinhalb Millionen Schilling versichert. Da überlegt man sich so etwas.

Und der Dieb, der in Gebetshäusern Opferstöcke geplündert hat. Ist Ihnen gar nichts heilig?

»Der Kirche geht's anscheinend auch nur ums Geld«, hat er gesagt. Der war ziemlich enttäuscht, daß man ihm das nicht hat durchgehen lassen.

»Freibad im Gefängnis« – Juristisch völlig unerheblich.

Das war eine Hochsommer-Tragödie. Vier Hausarbeiter im Polizeigefangenenhaus haben den Duschraum abgedichtet und einen halben Meter unter Wasser gesetzt. Es entstand ein wunderschöner Swimming-Pool. Dann sprang »der Blade« hinein, ein Brett brach – und das Gebäude war überflutet. Die hatten einfach Pech.

Sie finden auch für jede Missetat eine Erklärung.

Es gibt auch für jede Missetat eine Erklärung.

Bei Ihnen hat man oft den Eindruck, Sie stehen auf der falschen Seite, auf der der Verbrecher. Mit der Polizei gehen Sie viel härter ins Gericht.

Polizisten haben es leicht. Man glaubt ihnen, bevor sie den Mund aufmachen. Dann brauchen sie nur noch ein paar Kollegen mitnehmen, die alles bestätigen. Schon haben sie das Recht auf ihrer Seite.

Und Sie als Journalist maßen sich an, die Wahrheit gepachtet zu haben.

Es gibt viele Wahrheiten. Sie stellen sich selbst dar. Ich zitiere nur.

Nun gut. Wir werden uns das ja jetzt im Detail anschauen, Geschichte für Geschichte, Herr Glattauer.

Ja, tun wir das.

Das kommt in den besten Familien vor

Katharina wirft mit Hifi

Katharina hat alles im Griff. 33 Jahre alt. Abgeschlossenes Studium, sicherer Job, guter Verdienst. Kinder? Eines. Vorstrafen? Keine. »Und am 2. Februar 1994, da haben Sie durchgedreht«, sagt der Richter. »Ja«, meint die Frau Magister, »so kann man das bezeichnen.«

Julian war dabei. Er war erst 20 Jahre alt und schon ihr Lebensgefährte. (Und noch.) Um zehn Uhr abends beichtete er ihr – und dies im vierten Stock bei offenem Fenster –, daß er sie betrogen hatte. »Hat er Sie wirklich betrogen?« fragt der Richter. »Ja«, knirscht Katharina. Egal ist es ihr auch heute nicht, aber sie würde deshalb keine Einrichtungsgegenstände mehr auf die Straße werfen.

»Ich bin ausgeklickt«, sagt Katharina. Der Richter untermauert: ein Videorekorder, ein Fernseher, eine Stereoanlage, ein Hifi-Turm, zwei Boxen, ein Verstärker, eine Elektrogitarre, Schallplatten... Katharina korrigiert: »Es war nur eine Schallplatte.« (Seine Lieblingsschallplatte.)

»Flutsch – einfach beim Fenster hinausgefeuert.« Der Richter hat es noch immer nicht verdaut. »War Ihnen eigentlich bewußt, daß Sie damit Menschen töten hätten können?« – »Damals hab' ich nicht einmal gewußt wie ich heiß«, sagt Katharina. Ob unten wer stand, weiß sie nicht. »Ich hab' nicht geschaut«, sagt sie. »Einfach geworfen«, ergänzt der Richter.

Auf der Straße gingen nach den ersten Trümmern Schaulustige in Deckung. Ab den Boxen war auch eine Polizistin dabei – und arbeitete an einer Art Inventarliste. Als eine junge Frau zum Schauplatz kam, fielen Musikkassetten und Papierfetzen (Ex-Dokumente.) »Da war der Videorekorder also schon herunten«, sagt der Richter. Das gnädige Urteil: zwei Monate bedingt wegen Gefährdung der körperlichen Sicherheit.

4. 8. 1994

Gericht aus lauter Menschen

Im Ausweichraum B des Wiener Landesgerichts gibt es Montag früh einen Mord, eigentlich Mordprozeß, aber jene, die schon Dutzende Morde (eigentlich Mordprozesse) erlebt haben, sagen »Mord«, das ist kürzer.

Alle Geschworenen sind, was montags selten vorkommt, pünktlich erschienen und stehen orientierungslos herum. Der medizinische Gutachter sagt zum Psychologen: »Er nimmt uns gleich am Anfang dran.« Der Psychologe sagt: »Jö.«

Der beisitzende Richter im Saal B ist noch müde. Manchmal fallen den »Beisitzern«, weil sie nichts zu tun haben, während der Verhandlung die Augen zu. Diesmal nicht.

Eine Klasse ist zu Besuch und quetscht sich in den engen Raum. Die Schüler sind 16 Jahre alt und haben noch nie einen Mörder gesehen. Jetzt kommt einer. Er hat echte Handschellen um und hält den Kopf gebeugt, wie im Film.

»Wir sind hier ein Gericht das aus lauter Menschen besteht«, sagt der Richter zum Angeklagten: »Ihre Tat müssen Sie letztendlich vor sich selbst verantworten.« Der Angeklagte sagt: »Ja, ich weiß.« Er sagt es trotzig, sodaß man den Eindruck gewinnt, er verantwortet die Tat am leichtesten, indem er zu ihr steht.

Der Mann ist 50 Jahre alt und hat seine 17 Jahre jüngere Lebensgefährtin erstochen. Es waren 22 Messerstiche, 15 in die Brust, drei in den Hals, zwei in den Rücken und zwei in den Bauch. Das Messer hatte er vorher gekauft. »Das wäre nicht notwendig gewesen, daheim waren genug Messer«, meint die Staatsanwältin. Der medizinische Gutachter räuspert sich. Das klingt komisch. Einige Schüler müssen lachen.

Die Freundin hatte einen anderen. Seine Ex-Frau hatte auch einen anderen gehabt. »Aber die hat es mir wenigstens ins Gesicht gesagt.« Von ihr hatte er sich scheiden lassen, ganz normal. Aber die Freundin – »die hat blöd herumgeredet, das vertrag' ich nicht«.

»Was wollten Sie mit dem Messer«, fragt der Richter, »wollten Sie ihr nur eine Lektion erteilen, oder wollten Sie dem Ganzen ein Ende machen?« – »Abtöten wollte ich sie«, sagt der Angeklagte. Blöd herumreden verträgt er nicht. Der Gutachter räuspert sich, zwei Schüler lachen.

»Hat sie sich gewehrt?« fragt der Mediziner. »Nein, sie hat nur ›Franzi hör auf!‹ gesagt, aber ich hab' nicht mehr reagiert, ich hab' weitergestochen«, antwortet der Angeklagte.

»Wie haben Sie sich danach gefühlt?« fragt der Richter. »Schlecht, es war überhaupt keine Erleichterung«, antwortet der Angeklagte. Bis heute nicht. Die Geschworenen entscheiden sich für Totschlag, Mord im Affekt. Zehn Jahre Haft.

12. 1. 1993

Es war nur Rangelei

Alex (23) und Hedi (30) ergänzen einander gut: Was er macht, geht sie nichts an. Was er nicht macht, bleibt ihr. Was sie macht, macht sie daheim. Was sie nicht macht, macht niemand. Man kann sagen, es handelt sich um eine harmonische Wiener Partnerschaft nach traditionellen Rollenmustern, bereichert durch zwei Wunschkinder. (Er hat gewünscht, sie hat die Kinder.) Da plötzlich mischt sich das Gericht in die Beziehung ein: Körperverletzung, Nötigung, Freiheitsentziehung. Vier Monate Haft für Alex.

»Das kommt in den besten Familien vor«, sagt Alex knapp vor dem Schuldspruch. »Was sind für Sie die besten Familien?« fragt die Richterin. Alex weiß nicht. Er hat ja nur die eine, die seine. Und die ist gut genug, für ihn.

Da war der Vorfall am 4. August 1990 in der Wohnung. Alex ist um vier Uhr früh betrunken nach Hause gekommen; ganz im damaligen Trend, den Hedi so beschreibt: »In der Früh is' er heim'kommen, wir ham g'stritten, dann is' er arbeiten 'gangen, nachher is' er fort'gangen, saufen. In der Früh is' er heim'kommen, wir ham g'stritten... – Die Richterin: »Danke, ich hab' einen Einblick.«

Sie haben gestritten. Laut, heftig, wuchtig, schlagkräftig. Alex: »Es war eine Rangelei, das kommt vor.« Christian (4) und Rene (3) wachten auf, hatten Angst, preßten sich zwischen Vati und Mutti. Alex, angesprochen auf das tiefe Cut, das Christian davongetragen hat: »Ich hab' das Kind zur Seite g'schoben, es muß g'stolpert sein.«

Hedi, die Zeugin: »Wir haben eine kleine Krise g'habt. Jetzt ist wieder alles in Ordnung. Es war halt zuviel für ihn, das Arbeiten, das Fortgehen, das Saufen.« Jetzt hat er aufgehört – zu arbeiten.

29. 11. 1990

Horst sprang ins Messer

»Gratuliere«, sagt der Richter zur derzeit berühmtesten Staatsanwältin Österreichs, die unlängst im Fernsehen war. »Ich bin extra wegen Ihnen aufgeblieben.«

Der Alltag beschert den Juristen eine »Absichtliche schwere Körperverletzung« in Form eines Messerstiches. »Wo ist Ihr Verteidiger?« fragt der Richter. – »Waaß net.« Der Angeklagte zuckt mit den Schultern.

Der Richter telefoniert: »Ist der Amtsverteidiger schon unterwegs? Was? Nicht in Österreich? Aha. In Venedig. Geht's ihm gut?« Der medizinische Sachverständige betritt den Raum. »Keine Eile, wir haben keinen Verteidiger«, sagt der Richter. »Macht nichts. Ich müßt' eh noch rüber, zur Brandstiftung«, meint der Gutachter.

»Wie mach' ma das jetzt technisch?« fragt der Richter. »Ich glaub', es war nur eine leichte Verletzung«, fällt dem Gutachter ein: »Er hat zwar mit dem Messer recht fest...« – »Und nix passiert?« fragt die Staatsanwältin. »Fast nix«, meint der Gutachter. »Dann wird's ein versuchter Siebenundachtziger«, meint die Klägerin. (Eine versuchte absichtliche schwere Körperverletzung.)

Der Richter wendet sich dem Angeklagten zu: »Was werde ich von Ihnen eigentlich hören? Schuldig oder nicht schuldig?« – Fritz erklärt: Der Horstl sei mit der Glasscherbe auf seinen Bruder Harry losgegangen, »i drah mi um, da issa ma ins Messer g'sprungen«. Die Staatsanwältin blickt angewidert zur Seite.

Plötzlich wird der Gutachter euphorisch: »Sagen Sie, weil ich den Namen lese, waren das nicht Sie mit dem Halsdurchschuß?« – »Mein Bruder«, sagt Fritz. Der Schuß sei links in den Hals rein, rechts wieder raus, einen Millimeter am Rückenmark vorbei. Nicht die geringste Verletzung. So etwas habe der Gutachter noch nie erlebt: »Ein Wunder.«

3. 12. 1993

Die fabelhaft emotionellen Gerasdorfer Brüder

Wien muß nicht Chicago sein. Manchmal genügt Gerasdorf. Dürfen wir bekanntmachen: Gerdschi, 34, groß, fest, Anzug, Krawatte, Schnauzbart, weiße Socken, schwarze Schlüpfer. Andi, 21, schlank, Jeans, Windjacke, Sportschuhe. Die Brüder harmonieren. Gerdschi über Andi. »Bei eam geh' i haaß.« Andi über Gerdschi: »Er wü mi vanichten.«

Für Spannung im Gerichtssaal, wo die beiden wegen gegenseitiger absichtlicher schwerer Körperverletzung aufeinanderprallen, ist gesorgt.

»Des is a Theater«, bekundet Gerdschi. »Ganz ruhig«, meint der Anwalt: »Seien S' net so aggressiv!« – »Ich hab's satt«, beschwert sich der Angeklagte. »Tut mir leid«, entschuldigt sich der Richter: »Ich muß verhandeln. Da die Geschichte ohnehin so emotionell ist, bitte ich alle, sich zu beruhigen.«

Szene eins: Gerdschi und Andi begegnen einander motorisiert auf der zu schmalen Gerasdorfer Brunnengasse. Jeder beschleunigt, keiner will ausweichen. Andis »Zukünftige« zeigt Gerdschis »Gegenwärtiger« den Mittelfinger. Gerdschi schwört bittere Rache.

Andi benachrichtigt Mama: »Er will mich schon wieder hauen.« Mama stoppt den Großen auf der Straße und attackiert seine Gemahlin. Gerdschi packt Mama am Kragen. Sie schimpft. Er spuckt. Das ist Andi im Cockpit seines Opels zu viel. Er steigt aufs Gas. Die Mutter springt zur Seite. Gerdschi liegt auf der Motorhaube und schlägt mit der Hand die Seitenscheibe ein, um zum Gesicht des Bruders zu gelangen. – Das Auto kracht gegen ein parkendes Fahrzeug. – Polizei, Rettung.

Szene zwei: Die Brüder werden fatalerweise ins gleiche Spital eingeliefert und begegnen einander vor der Röntgenabteilung. Andi (mit Halskrause, aber verstärkt durch die Großfamilie der Zukünftigen) hebt den Mittelfinger zum Gruß. Gerdschi: »Schleich di, du Woamer, sonst druck i da den Schädel ein.« Kleine Rauferei mit reger Beteiligung der Schwiegereltern. – Polizei.

Szene drei (wird von Gerdschi bestritten): Um zwei in der Nacht wird Andi durch ein Motorengeräusch geweckt, sieht nach und erkennt – den Bruder. Der steigt aus, geht zu Andis Auto, richtet die Pumpgun (seiner Gattin) darauf und eröffnet das Feuer. Die Einschüsse sind nachweisbar. »Aber net von mir«, sagt Gerdschi. Der Prozeß wird vertagt. Vielleicht kommen neue Szenen dazu.

15. 3. 1997

Wem gehört der Gummibaum?

»Es ist nicht sehr wirtschaftlich, was wir hier machen«, sagt der einzige Advokat im Raum (und sogar der ist einer zu viel). »Ja, reich werden Sie damit nicht«, erwidert die Richterin. »Es geht hier gar nicht um mich«, verteidigt sich der Anwalt. Und da hat er recht. Es geht hier um einen Gummibaum. Größe: 50 Zentimeter. Äste: sechs bis sieben. Blätter: derzeit keine. Besitzerinnen: derzeit zwei. Aber das wird sich ändern.

April 1997. Annemarie P. vom ersten Stock geht in Pension. Mit ihr zum Teil schöne, zum Teil häßliche Terrassenpflanzen. Vom Gummibaum selbst ist zwar nicht viel zu sehen. (Keine Äste, keine Blätter.) Aber Frau Elisabeth, die Hausbesorgerin, verliebt sich in den Stiel. Es kommt zu einer rührenden Schenkungsszene im Mezzanin. (Annemarie P. verschwindet nun aus der Geschichte.)

August 1997. Was einst ein karger Stengel war, ist nun ein üppig wucherndes Gewächs. Die Topfpflanze steht im Hof, erfreut sich der warmen Brigittenauer Sonnenstrahlen und gedeiht. Frau Elisabeth erntet Ruhm und Anerkennung der Hausparteien. »Jeder, der den Mistkübel ausg'leert hat, hat g'sagt was is das für ein wunderscheeener Bam!« erinnert sie sich.

11. September 1997. Für Frau Elisabeth bricht eine Welt zusammen. »Ich trag' meinen Müll obe, und der scheeene Bam is weg!« (Noch heute muß sie sich dabei die Hand aufs Herz halten.) Die Polizei schreitet nicht sofort ein. Begründung: »Der Gummibaum wird schon nicht davonlaufen.« (Die Richterin nickt anerkennend.) Frau Elisabeth hängt einen Zettel aufs schwarze Brett: »Dem Dieb, der meine Pflanze gestohlen hat, dem sollen die Hände abfallen!« – Nichts in dieser Richtung geschieht.

November 1997. Frau Elisabeth beugt sich beim Gangfensterputzen vom Stiegenhaus ins Freie, erhascht einen Blick vom

Wohnzimmer der verfeindeten Frau Elfriede und entdeckt – »um Gottes Willen, do is mein scheeener Gummibam!« Es kommt zur überfälligen Anzeige. Der Kriminalfall nimmt seinen Lauf.

»Es ist mein Gummibaum!« betont Frau Elfriede kraftvoll. Die Sekretärin hatte ihn vor zwei Jahren beim Meinl gekauft und in ihr Büro gestellt, sagt sie. Ihr Chef könne das bestätigen. (Tut er aber nicht.) Frau Elfriedes Bürobaum ließ jedenfalls alle Blätter fallen. Also nahm sie ihn im Sommer mit nach Hause und stellte ihn in den Hof – mitten unter die Gewächse der verfeindeten Hausbesorgerin. (Beim Gedanken, daß sie irrtürnlich die Pflanze von Frau Elfriede gepflegt haben könnte, wird der Hausmeisterin schlecht.)

Frau Elfriedes Version endet damit, daß sie ihren Baum Anfang September (zur Tatzeit) vom Hof abgezogen und in ihre Wohnung gestellt hat. »Er hat übrigens wieder alle Blätter verloren«, bemerkt die Sekretärin. »Weil Ihnen die Liebe fehlt!« poltert die Hausbesorgerin. »Ich wollt' ihn schon wegschmeißen«, gesteht die Sekretärin. »Sie sind ein mieses Stück Scheiße!« erwidert die Hausbesorgerin. »Ich laß mich von dieser primitiven Person nicht beschimpfen!« schreit die Sekretärin.

»Und wenn Sie von dem Gummibaum einfach einen Ableger machen?« fragt die Richterin. Beide Streitparteien funkeln sie böse an. Sie hat überhaupt nichts verstanden. Das Urteil ergeht schriftlich.

6. 7. 1998

Und die Hunde

Prinz springt in den Kofferraum

Ein Herrl wurde am Freitag im Namen der Republik im Halteverbot vor dem Landesgericht relativ laut, sodaß es den Straßenlärm übertönen konnte, freigesprochen. Es ging zwar um Tierquälerei. Aber es war keine.

Die Sensibilität für unschuldige Tiere ist aktenkundig. Winseln geht den Österreichern traditionsgemäß mehr unter die Haut als lästiges Kindergeschrei wegen an und für sich gesunden Watschen. Und »Prinz von Mühlfeld«, ein sechsjähriger Adeliger aus dem Münsterland, ist »ja ganz ein Süßer, na so ein Süßer«, versichert ihm eine Zeugin einer anderen Verhandlung.

Jener Prinz wurde eingesperrt. Es war Mai. Es war der Kofferraum eines Opel. Und es war eine Dreiviertelstunde. Kein Licht. Kein Wasser. Kein Pappi. Kein Gassi.

Als das Herrl kam, vollführte der Hund die der Gattung eigene Lautmalerei, deren emotioneller Beweggrund stets der Interpretation des Menschen anheimfällt. Die Passanten wußten gleich: Der Hund bellte gequält. Anzeige. Anklage. Prozeß.

Zwei Herren verdienen es, besonders erwähnt zu werden: Der Richter für seine Freundlichkeit und seinen Mut zum Lokalaugenschein. Und der Tierarzt, der sich für sein Gutachten nicht zu gut ist, selbst in den Kofferraum zu steigen, um sich in Prinz hineinzufühlen – und um erstens festzustellen: »Für mich eng, aber für den Münsterländer durchaus bequem.« Zweitens: »Nicht zu heiß trotz Sonne.« Drittens: »Luft genug.«

Den endgültigen Beweis erbringt der kleine Jagdhund selbst. Ein Zischlaut des Herrls genügt. Prinz springt in den Kofferraum, bildet einen Kreis, läßt sich nieder und stößt ein Geräusch aus, wie man es oft bei Biertrinkern nach dem ersten Schluck hört. »Er liebt den Kofferraum«, sagt das Herrl, ohne zu verraten, wie lange die zwei für den Prozeß geübt haben.

28. 8. 1993

In Wiener Wohnung faulten Warane

Ronald hatte ein zumindest räumliches Naheverhältnis zu exotischen Tieren: Sie lebten in großer Zahl und kühner Zusammensetzung in einem miserablen Gehege in seiner Wohnung in Wien-Landstraße. Solange sie tatsächlich lebten, schlug sich die Art-Ungerechtigkeit gesetzlich noch nicht nieder. Erst jetzt, da sie verhungert sind: 90.000 Schilling Geldstrafe für Ronald wegen Tierquälerei.

Das Gericht kennt vom Strafakt her drei Warane, zwei Leguane und einen Goldhauben-Kakadu. Was mit mindestens elf Krallenäffchen und einem Papagei geschah, ist unklar. Möglicherweise hat Ronald mit illegal eingeführten exotischen Tieren gehandelt, aber das konnte ihm nicht nachgewiesen werden. Jedenfalls habe es entsetzlich gestunken, als die Polizei die Wohnung betrat und auf seltsame Tierkadaver stieß.

Ronald (27) hatte dort mit seiner Frau Maria gelebt, die nichts von der Haltung solcher Tiere verstand. Die Ehe ging in Brüche und Ronald zog aus. »Was ist mit deinen Tieren?« will Maria gefragt haben. »Die hol' ich schon irgendwann, mein Leben ist mir wichtiger« soll Ronald geantwortet haben.

Eine Woche war zu lang für Tiere, die täglich gefüttert werden sollten. Im Landstraßer Tier-Ghetto ging es rund. Die Weißbüschelaffen befreiten sich aus ihren Käfigen und zerbissen die elektrischen Leitungen. Daraufhin fielen die Wärme- und UV-Lampen in den Terrarien aus. Maria hatte Mitleid mit den frierenden und hungernden Waranen und gab ihnen Katzenfutter. »Wenn Reptilien bei zu niedrigen Temperaturen fressen, können sie nicht verdauen«, erklärt die Sachverständige: »Das ist ihr Todesurteil, dann verfaulen sie von innen nach außen.«

Und die Affen? – »Sie haben sich gegenseitig umgebracht«, sagt der Angeklagte. »Das tun sie nur im Überlebenskampf, dann ging es bereits um das letzte Futter«, erklärt die Tier-Expertin.

Eine Blaustern-Amazone fehlt. Wahrscheinlich hat der Kakadu den Papagei getötet. »Das sind doch soziale Tiere«, meint der Angeklagte. Die Zoologin: »Aber nur solange sie genügend Futter haben, sonst gilt das Recht des Stärkeren.«

7. 3. 1992

Bärli muß jetzt an die Leine

Bärli war neun Monate alt und wog 30 Kilogramm – vor jeder Mahlzeit. Die Gerichte haben ihm mittlerweile sogar eine eigene Aktenzahl gewidmet: ZVR 1993,123,5 Ob 513/92. Dabei wollte er nur spielen.

Es war auf einem Parkplatz. Die Hundebesitzerin half ihrer Mutter beim Verladen einer Kiste ins Auto. Bärli, der Neufundländer, der selten bellt und niemals beißt (nicht einmal sein Fressen, das schluckt er), und deshalb den Ruf genießt, gutmütig zu sein, beroch unterdessen die angrenzende Wiese.

Da machte er eine interessante Entdeckung. Es mußte ein Wildschweindi, ein Rehli, ein dickes Hasi oder so etwas ähnliches sein, jedenfalls hatte es ein Fell und bewegte sich. Also war es kein Fasan. Und sicher wollte es spielen, dachte Bärli – und lief hin.

Es war eine ältere Dame im Pelzmantel. Bärli hat wohl laufen, aber nicht bremsen gelernt. »Er tappte ihr spielerisch an die Brust«, erklärte später ein Richter. Die Frau stürzte und brach sich den Oberschenkel. Frauli rief: »Pfui Bärli, hier!« Bärli lief sofort zu Frauli. Aber der Schaden war dadurch nicht wieder gutzumachen.

Vor Gericht sagten die Beteiligten nur Gutes über den Neufundländer. Brav ist er, gut abgerichtet, freundlich, gut ernährt und stets gehorsam. Die Dame mit dem Pelzmantel verlangte dennoch 100. 000 Schilling von der Hundebesitzerin.

Das Erstgericht war dagegen: Da es sich um einen gutmütigen Hund gehandelt habe, »war keine besondere Beaufsichtigung und Verwahrung notwendig«. Die Klage wurde abgewiesen.

Doch das Höchstgericht sah es anders: »Gutmütige Hunde können allein durch ihren Spieltrieb eine Gefahr für den Menschen darstellen.« Seit Bärli an der Leine gehen muß, hat er zugenommen.

16. 11. 1993

Der weinende Windhund

Die beiden Windhunde der Frau Doktor sind Routiniers. Auf ihrem traditionellen Gassi-Streifgang haben sie jeden Stein bereits üppig markiert. Für ihr Revier brauchen sie keinen Inspektor. Einmal glaubte sich einer wichtig machen zu müssen. Jetzt steht das Frauerl wegen »tätlichen Angriffs auf einen Beamten« vor Gericht. Die 59jährige Ärztin für Neuropsychiatrie soll von ihrer Hundeleine Gebrauch gemacht haben.

Ziel des Revierinspektors war die »Durchsetzung der Einhaltung der Maulkorbtragepflicht«. Er geriet dabei offenbar in die falsche Gasse. Denn dort, am Döblinger Stadtrand, kennen die Hundebesitzer Beißkörbe nur aus Erzählungen, und den Hunden selbst fehlt jeder Bezug dazu. Auch mit der Leine wird sparsam umgegangen. Angelegt wird sie nur, wenn ein Hund ausdrücklich danach verlangt.

Bei den Windhunden der Frau Doktor hat die gewaltfreie Erziehung besonders gut gegriffen. Schon beim Anblick der polizeilichen Uniform am 22. Juni 1994 schreckten sie zurück und zogen den Schwanz ein.

Zwischen den beiden Menschen entwickelte sich eine unfreundliche verbale Auseinandersetzung, die in eine keineswegs freundlichere manuelle überging. Der Polizist fühlt sich noch heute gezüchtigt. Allein sein von der peitschenden Kraft der akademisch geschwungenen Hundeleine zur Schwellung gebrachter rechter Daumen benötigte drei Wochen (Krankenstand), um vollständig auszuheilen. Zudem erinnert sich der Beamte an scharfe Befehle der Aggressorin: »Mach was!« rief sie dem einen Windhund zu. »Faß!« wurde dem zweiten befohlen. Keiner der Hunde rührte sich.

Die Nachbarin kam erst später dazu. Da lag die Nervenärztin schon mit Handschellen auf dem Rücken und schrie um Hilfe. »Und der Polizist?« fragt der Richter. »Der ist wie wild herum g'sprungen.« – »Auf ihr?« fragt der Richter. »Nein, daneben«, sagt die Zeugin.

»Und die Hunde?« fragt der Richter. »Die zitterten am ganzen Körper. Der eine hat sogar geweint.« – »Gewinselt, wohl höchstens«, verbessert der Richter. Der Prozeß wird vertagt.

24. 1. 1995

Ein großes Herz für tote Tiere

Herr Franz K., Liebhaber der Tierliebhaber, ist Obmann des gemeinnützigen Vereines »Assisi. Für das Leben mit dem Tier«. Eine irreführende Bezeichnung, denn bei »Assisi« ging und geht es ausschließlich um das »Leben nach dem Tier«, um das Trauma von Frauerl und Herrl, ihr in Treue dahingeschiedener Liebling werde als Seife wiederauferstehen.

Sehnlichster Wunsch: Das Tier möge als Asche in einer Urne oder in einem Sarg auf dem Friedhof ruhen, wie alle (anderen) Menschen auch. Der Wunsch ging in Erfüllung. Der Obmann kassierte.

Am Mittwoch stand er wegen Untreue vor Gericht: 360.000 Schilling sollen innerhalb von drei Jahren aus der Vereinskasse geflossen und in Familienbesitz übergegangen sein. Für einen Schuldspruch fehlte dem Richter aber letztendlich der »wissentliche Befugnismißbrauch«. Dank der »schlampigen Buchhaltung« seiner Frau wurde Herr K. im Zweifel freigesprochen.

»Was machen Sie derzeit beruflich?« fragt der Richter. Der Angeklagte: »Ich betreibe das Wiener Tierkrematorium. Ich habe das Patent.« Der Richter: »Das Know-how einer Viecherverbrennung kann wohl nicht die große Erfindung sein.« Der Angeklagte: »Meine Erfindung ist die Verbrennung ohne Rauch und ohne Geruch.«

»Haben Sie nicht den Eindruck, daß Sie mit einer völlig falsch verstanden Tierliebe Schindluder getrieben haben?« fragt der Richter. »Ich nicht«, sagt der Angeklagte, »aber der Herr S., der wollte Mahagonisärge für Tiere, beleuchtete Leichenwagen und Begräbnisse erster und zweiter Klasse.«

Rivale Helmuth S., der Leiter des Tierfriedhofes Sierndorf, muß sich in zwei Wochen wegen Betruges vor Gericht verantworten.

16. 1. 1992

Hart an der Bagatellgrenze

Zeitlose Fahrscheine

Herr Herbert versteckt sich im Publikum. »Kommen S' vor«, sagt der Richter: »Sie sind die Hauptperson.« – »Hat eh kan Sinn«, erwidert der Angeklagte: »Interessiert eh kan, was i sag'.« – »Was sagt der Psychologe?« fragt der Richter. Nicht viel. Verhandlungsfähig dürfte er sein, der verstörte Frühpensionist mit wirrem Haar und desolaten Turnschuhen ohne Socken. »Keine akute Psychose«, attestiert der Psychiater: »Er hat nur ein subjektiv verdichtetes Rechtsempfinden.«

Herbert sammelt gebrauchte Fahrscheine und verkauft sie an Touristen. Er ist überzeugt davon, daß er das darf. Zweimal wurde er deswegen verurteilt, ein Jahr war er wegen Betruges in Haft. Jetzt listet der Staatsanwalt 14 neue Fälle auf. »Des is' g'logen ois wia!« meint Herbert. »Des beweis' i euch!«

Seine letzten Wertgegenstände liegen in einer Kiste im Gerichtssaal: mehr als 1.000 bereits abgestempelte Fahrscheine. »Warum sammeln S' die?« fragt der Richter: »Gibt's einen Markt für verkaufte Fahrscheine?« – »Für ois gibt's an Markt. In 50 Jahren hat des an Wert.« – »Da warten S' jetzt 50 Jahre?«

Nein, meist wartet er nur ein oder zwei Jahre – aber immer auf den Tag genau. Beispiel: Am 12. 10. 1997 verkaufte er an ratlos auf einen Fahrscheinautomaten starrende Japaner gestempelte Fahrscheine vom 12. 10. – der Jahre '96, oder '95. »Das dürfen S' net!« behauptet der Richter. – »Oh ja!«, sagt Herbert. »Sie können ja auch nicht am 5. 5. 1998 mit einem Flugticket vom 5. 5. 1997 in den Urlaub fliegen«, meint der Richter. »Im Mai '97 war i unschuldig im Häfn!« erwidert der Angeklagte zornig.

Sein (bestes) Argument: Auf den Fahrscheinen scheint die Jahreszahl nicht auf. Somit sind sie alle Jahre wieder gültig. Da das hier anscheinend niemand kapiert, muß Herbert mit den Worten »Mir reicht's!« leider den Saal verlassen. Der Prozeß wird vertagt.

17. 1. 1998

Grafische Gratisfahrten

Schwarzkappler ohne schwarze Kappen sind unangenehm. Sie tun so, als wären sie Fahrgäste, stehen plötzlich neben dem Schwarzfahrer und wollen von ihm einen gültigen Fahrausweis sehen, was nicht gelingen kann. Dafür muß der Schwarzfahrer Strafe zahlen.

Martina und Manuela waren vernünftig. Sie besorgten sich Wertmarken. Das sind kleine Papiervierecke, die auf Ausweise geklebt werden. Besitzt man sie, so werden Schwarzkappler auch ohne schwarze Kappen völlig ungefährlich. Der geläufige Weg zu Wertmarken zu gelangen, besteht darin, solche zu kaufen: Für Wien kosten sie 500 Schilling pro Monat. Martina und Manuela wählten eine andere Methode, mit der sie sich, so schien es, je 1.500 Schilling ersparen konnten.

Die jungen Damen sind computergrafisch tätig, verspielt und ehrgeizig. Sie produzierten ihre Wertmarken selbst, zeichneten sie auf dem Bildschirm und druckten sie aus. Ihr Motiv: »Wir wollten schauen, ob wir's z'sammbringen.« – Und schön sind sie geworden, die Marken. Schauen aus wie echt.

Gelingt einem ein Werk, so will man es herzeigen. Mehrere Schaffner und Kontrollore würdigten die Erzeugnisse drei Monate lang anerkennender Blicke. Dann passierte ein Mißgeschick. Die beiden saßen nebeneinander in der Schnellbahn und wurden kontrolliert. Der Schaffner sah es gleich: die Ähnlichkeit war verblüffend, nicht jene der Frauen, sondern der Marken. Sie hatten dieselbe Nummer.

Im Gericht schwankt man zwischen Lappalie und Schwerverbrechen. »Hart an der Bagatellgrenze«, meint der Anwalt. »Schwerer gewerbsmäßiger Betrug«, behauptet der Staatsanwalt. Die Richterin liest eine »erhebliche kriminelle Energie« heraus. Das Urteil: Urkundenfälschung. Je 36.000 Schilling Strafe.

14. 6. 1995

Schwarz in der U-Bahn

Schwarzfahren in Wiener U-Bahnen ist derzeit besonders riskant, selbst mit gültigem Fahrausweis. Am 15. Juni erwischten sie Jérôme. Mitten im U3-Waggon saß er, verdächtig über ein Notizbuch gebeugt. Und schon passierte es: Jérôme zeigte seinen Fahrschein nicht her. Vielmehr wollte der 33jährige Brite wissen, was man von ihm wolle. Zum Glück waren in dieser heiklen Situation drei Polizisten zur Stelle. Daraus ergab sich ein Handgemenge. Nun steht der Tänzer und Choreograph wegen Widerstandes und Körperverletzung vor Gericht.

Seine Version: Er war auf dem Weg zu einer Tanz-Vorstellung. Man wollte ihn außerhalb der U-Bahn kontrollieren. Er leistete passiven Widerstand. Drei Polizisten zerrten ihn aus dem Waggon, stießen ihn zu Boden, legten ihm Handschellen an und führten ihn ab.

Zeuge Inspektor S. widerspricht: »Grundsätzlich samma net eing'schritten.« Und präzisiert: »Mir san sehr loyal eing'schritten. Mir ham überhaupt kan Waffengebrauch g'macht.«

Der Beamte übt aber auch Selbstkritik: »Bei uns san nie die Täter verletzt, immer nur mir söba.« Im konkreten Fall: »Mich hat's am Finger schwer erwischt.« (Zeigt dem Richter einen geheilten Daumen.) »Den Kollegen hat's noch schlimmer erwischt. Der hat an echten Faustschlag erlitten.« – Leider blieb er der Verhandlung fern, weshalb vertagt werden mußte.

»Haben Sie deutsch oder englisch mit ihm gesprochen?« fragt der Richter. »Beides, aber er hat's an sich verstanden«, meint der Beamte. Der zarte Tänzer soll wie ein Boxer aufgetreten sein. »Er hat g'sagt, er ist kampfbereit, das hat er sogar auf deutsch g'sagt«, erinnert sich der Polizist. »Wie hat er das gesagt?« fragt der Richter. »Let's begin the fight!« sagt der Beamte. »Das ist englisch«, behauptet der Richter.

18. 9. 1996

Kopf in den Kübel

In der Toilette neben dem Arrestantenraum im Kommissariat Mariahilf steht ein Blechkübel. Über seine Funktion gehen die Meinungen auseinander. »Der wird selten verwendet«, sagt der angeklagte Inspektor: »Nur wenn es besonders schmutzig ist. Oder wenn einer erbrechen muß.« »Der Kübel?« fragt die mitangeklagte junge Kollegin: »Der ist für die Essensreste, die sich so ansammeln. Da kommt der ganze Schmutz hinein.«

»A zehn Liter Wosserkibl aus Blech, in grau wor a g'halten«, sagt der Mann, der Gelegenheit hatte, ihn aus nächster Nähe zu betrachten: »Zigarettenstummeln und Tempo-Taschentücher san drin herumg'schwumman. Sehr appetitlich! – Den hätt' i aussaufen soin!«

Am 14. Juni ging es schon vorher rund. Roland B. (62) war den Polizisten im Zuge einer Amtshandlung auf und davon gefahren. Im Wachzimmer wollte man ihm zeigen, was man davon hielt. »Er war dort einer Art Folter ausgesetzt«, sagt der Staatsanwalt. – Faustschläge auf den Schädel, Fußtritte in die Genitalien, Todesdrohungen, Wasserkübelszenen.

»Eam waß i sicher!« Roland B. zeigt auf den Angeklagten. »Eine gewisse Kommunikation hat stattgefunden«, räumt der Inspektor ein. Mehr nicht, denn: »Es war zwar kein Alltagsfall, aber es war ein Fall wie jeder andere.« Auch die junge Polizistin soll brutal zugeschlagen und hergetreten haben. »I waß net, was g'habt hat. Vielleicht wollt' sie sich abreagieren«, meint der Zeuge. Sie behauptet, gar nicht anwesend, sondern auf »Doppel-Fußstreife« mit einem Kollegen gewesen zu sein.

Der Amtsarzt attestierte »mehrfache Verletzungen« und »massive Blutergüsse«. »I hab' in di Hosen g'schaut und bin erschrokken«, erzählt Roland B.: »Der woa g'färbt, daß i 'glaubt hab', der g'hört net mir!« Der Prozeß wird vertagt.

5. 12. 1997

Psychiaterin rollte auf Parkwächterin zu

»Sie sind ungarische Staatsbürgerin?« fragt der Richter. »Warum soll ich ungarische Staatsbürgerin sein?« fragt die Wiener Psychiaterin. »Weil's da steht«, sagt der Richter. Doch da steht viel.

Die Frau Doktor soll in einer Parklücke der Josefstädter Straße ein weibliches Kurzparkzonenüberwachungsorgan mit ihrer Honda-Civic-Stoßstange unsanft berührt haben. Die Beamtin klagte über zwei blaue Knie und einen gebrochenen fünften Mittelfußknochen: acht Wochen Krankenstand. (Und sie klagt noch immer.) »Ich wollte wegfahren«, gesteht die Ärztin: »Daß die sich dort breitbeinig aufpflanzen wird, um mich daran zu hindern, hätte ich nicht gedacht.«

Vorgeschichte: Die Frau Doktor brachte einem befreundeten Kaufmann ein Medikament. Sie stellte ihr Auto in der Kurzparkzone ab und legte ihre »Arzt im Dienst«-Tafel hinter die Windschutzscheibe. Als sie zurückkam, stand die Magistratsbeamtin beim Honda und interessierte sich für das Kennzeichen. Ärztin: »Ich fahr' eh schon.« Beamtin: »Zu spät!« Ärztin: »Ich bin Ärztin.« Beamtin: »Aba ka praktische, des gült net!«

Der Dialog nahm an Lautstärke und Derbheit zu. »Dann ist es mir zu blöd geworden«, erinnert sich die Ärztin: »Ich stieg ein und rollte ein bißchen auf sie zu. Aber ich hab' sie bestimmt nicht berührt.«

Die Parkwächterin schrie laut auf. »Es war kein Schmerzensschrei, sondern ein Schrei der Empörung«, attestiert die Psychiaterin: »Bei Schreien kenn' ich mich aus.« Der Gerichtsmediziner erkennt auf den Röntgenbildern beim besten Willen kein gebrochenes Knöchelchen. Deshalb wird die Ärztin vom Vorwurf der Körperverletzung freigesprochen und nur wegen Nötigung verurteilt: drei Monate bedingt.

18. 1. 1997

Ein Mini überholt nicht

Freispruch ohne Zweifel. Der Wiener Schulaufsichtsrat hat den Rumänen nicht (anklagekonform) »mit Gewalt zu einer Handlung, nämlich zum Verreißen seines Fahrzeuges nach links genötigt«. Anders betrachtet: Ein Mini hat einen Honda nicht zu überholen. Auch nicht in Perchtoldsdorf.

Nikolaustag 1993, acht Uhr früh. Diesig war's. Manch einer mußte in die Arbeit. Manch einer schneller als manch anderer. Josef zum Beispiel. Der 28jährige Mechaniker rumänischer Herkunft hätte die Arbeitsstätte in Breitenfurt auf dem Straßenwege längst erreicht haben müssen. Aber sein 14jähriger silbergrauer Mini-Cooper tat traditionsgemäß nicht weiter. Und vor ihm zuckelte zu allem Überdruß der vom 56jährigen Magister gelenkte, fünf Jahre alte Honda.

Corina im VW-Golf kam dahinter. Sie sah den Kleinen beim Einleiten dreier Überholvorgänge. Der Große konterte jedesmal geschickt. Stieg der Rumäne voll aufs Gas und ließ sein Fahrzeug seitlich nach vorne kriechen, so machte der Wiener die Räume dicht, drängte nach links und signalisierte: kein Vorbeikommen.

Vom Gutachter errechnete zweieinhalb Sekunden, nachdem es Josef endgültig wissen wollte, wußte er es. Da pickte sein Mini in einem am Pannenstreifen abgestellten Auto. Eine Reparatur zahlte sich nicht mehr aus.

Der wegen Nötigung und Gemeingefährdung angeklagte Schulrat wußte (bis zum Freispruch) nicht, wie ihm geschehen sollte. Ihm lief damals nichts davon, er fuhr seine 45. Mag sein, daß es ihn zeitweilig nach links verriß. Daß sich da jedesmal ein silbergrauer Mini beengt fühlte, muß purer Zufall gewesen sein.

Plötzlich vernahm er hinter sich »das typische Blechgeräusch«. Das war der Unfall. Danach blieb er stehen und verständigte ordnungsgemäß die Polizei.

16. 12. 1994

Der Zündschlüssel eines Milchmannes

Drei Berufungsrichter beschäftigen sich unter stillem Protest herabgezogener Mundwinkel mit einem Milchzusteller. Dieser ließ seinen Lkw in einer Märznacht des Jahres 1993 in der Mommsengasse in Wien-Wieden in zweiter Spur mit laufendem Motor stehen und verließ (keineswegs fluchtartig) das Fahrzeug.

Der Herr Angeklagte saß im Wagen dahinter. Aber nur kurz. In seinem Zorn – er sagt »Zurrrn«, wodurch der Eindruck entsteht, daß derselbe noch immer nicht verraucht ist – bestieg er das Lkw-Führerhaus, stellte den Motor ab, zog den Zündschlüssel heraus und warf ihn weg oder steckte ihn ein.

Der Milchzusteller hat ihn jedenfalls nicht mehr gefunden – er sagt »bis heute nicht«, wodurch der Eindruck entsteht, daß er spätestens nach Prozeßende die Suche wieder aufnimmt.

Wohl gab es einen Zeugen, der den Herrn Angeklagten mit dem Schlüssel davoneilen gesehen haben will, aber keinen Ersatzschlüssel. Der mußte erst angefertigt werden. Der Lkw erfreute die Mommsengasse noch stundenlang mit seiner Anwesenheit in zweiter Spur. Für die Polizei roch der Fall gleich nach übler Verkehrs-Kriminalität. Das Bezirksgericht fällte schließlich einen Schuldspruch nach Paragraph 135, »Dauernde Sachentziehung«. 21.000 Schilling Strafe für den Schlüssel-Entwender. Dieser meldete Berufung an. Hier ist sie.

Der Verteidiger wertet die Abnahme des Schlüssels als eher sozialen (lärmsenkenden) denn als kriminellen Akt seines Mandanten. Hingegen sei das unbeaufsichtige Parken eines Lkw mit laufendem Motor »grob fahrlässig« und »gehört viel strenger bestraft«.

Der Staatsanwalt neigt prinzipiell zum Schuldspruch, liebäugelt aber mehr mit »Sachbeschädigung« als mit »Sachentziehung«. Das Berufungsgericht beeilt sich, das Ersturteil zu bestätigen.

17. 5. 1994

Fremde bewegliche Tür

Herr Georg hat eine »fremde bewegliche Sache« beschädigt. Sie bewegte sich mehr, als es ihr gut tat. Es war eine fremde bewegliche Autotür. Herr Georg riß sie aus. »Der Beschuldigte liegt voll im Trend«, würdigt der Staatsanwalt. »Generell tut es ihm leid«, entschuldigt der Verteidiger. Georgs finsterer Blick signalisiert die generelle Bereitschaft, Ausnahmen zu machen.

An einem Oktoberabend tat Zivildiener Peter im dichten Verkehr auf dem Döblinger Gürtel das Übelste, was ein Autofahrer auf einer Abbiegespur tun kann: nicht abbiegen. Am schwersten betroffen war Georg (29), der sich in seinem Klein-Lkw auf motorisch verächtliche Weise zurückgedrängt sah.

Peter (21) erinnert sich an das unvorhergesehene Auftreten eines gedrungenen Mannes. »Er kommt vor, beugt sich über die Motorhaube und spuckt mir auf die Windschutzscheibe.« Peter verließ das Wageninnere, um den Mann, der Speichel abgesondert hatte, zu fragen, ob er deppert sei und wie es ihm sonst so gehe.

Es entwickelte sich eine anspruchsvolle Diskussion mit sehr unterschiedlichen Meinungen, die auch stimmlich gut hinübergebracht wurden. Ein ägyptischer Zeitungsverkäufer, der ein Geschäft gewittert hatte, zog sich rasch wieder zurück und beobachtete das Ende aus der Ferne.

Peter setzte sich in sein Auto und machte Anstalten, die Wagentür zu schließen. Da nahm Georg dieselbe in beide Hände und drückte sie kraftvoll Richtung Vorderreifen, bis die Türgelenke unter knirschenden Geräuschen brachen.

Anders sieht es der Beschuldigte. Er will die Tür nicht vorsätzlich geknickt haben, er will in sie förmlich hineingestolpert sein. Geschwächt durch die Wut (oder bedingt durch den Speichelverlust), waren dem 100-Kilo-Mann die Knie weich geworden. Im Fallen klammerte er sich an die Wagentür, welche offenbar nur an ein paar Fäden hing. »Dieser Darstellung kann ich leider nicht folgen«, meint dazu der technische Sachverständige.

Das Urteil: Zwei Monate bedingt und 30.000 Schilling für die Autotür.

11. 3. 1995

Eigentlich keine Geschichte

Es ist Montag, und man erwartet sich nicht viel. Eventuell: Saal 3036, eine Veruntreuung. Ein Herr Dieter H. hat einen Alfa geleast. Er ist nie mehr aufgetaucht, der Alfa. Eine Geschichte? – Warum nicht.

»Worum geht's denn heute überhaupt?« fragt der Richter beim Betreten des Saales. Der Staatsanwalt klärt ihn über den Alfa auf. »Was soll ich ihn dazu fragen?« fragt der Richter. – Achselzucken. »Ist er überhaupt da?« – »Selbstverständlich«, antwortet der Verteidiger: »Meine Mandanten sind immer da.« Er wird aufgerufen. Er kommt herein. Er lebt derzeit in Schweden. (Kein Widerspruch.) In Smögen. »Wo?« fragt der Richter. – »Aber ich hab' auch eine österreichische Adresse«, erwidert der Angeklagte. – Na also. »Es gibt keine objektiven Spuren, die auf fingierte Handlungen irgendwelcher Art hinweisen«, meint dann der Verteidiger. »Wie schriftlich«, widerspricht der Staatsanwalt.

Der Sachverhalt: Herr H. hat einen Alfa Romeo 164 in Wien geleast, in Kroatien verwendet, per Auffahrunfall optisch leicht verändert am Flughafen in Zagreb abgestellt. Und weg war er.

Der Verdacht liegt nahe, daß er selbst den Wagen verschoben hat. Aber das behauptet außer der Leasingfirma und dem Ankläger niemand. Und der Verteidiger, der sich mit diesem Montagmorgen am schnellsten abfindet, sagt sogar: »Schön blöd wäre er.« Denn H. soll 125.000 Schilling in das Fahrzeug gesteckt haben. Der Anwalt kann das belegen. Der Richter schaut den Staatsanwalt fordernd an, diesem möge rasch etwas einfallen. Tut es aber nicht. Deshalb wird Herr H. freigesprochen. Und die Journalisten sind sich einig: Keine Geschichte.

27. 1. 1998

Rentner im Stichzwang

»Ham S' g'schlitzt oder g'stochen?« fragt der Richter. »Nur g'stochen«, sagt der Rentner weinerlich. Zwei Jahre lang. Dutzende Male. Immer im selben Grätzel. »Es wird nie wieder vorkommen«, verspricht er.

Ab Herbst 1992 hatten Autos mit ausländischen Kennzeichen in Wien-Währing morgens kaputte Reifen. Niemals alle: Herr Stefan hat auch nur zwei Hände. Aber der pensionierte Heeres-Unteroffizier gab sein Bestes. Bei Ostblockfahrzeugen lag die Ausfallsquote manchmal nahe 100 Prozent.

Der 60jährige stand gewissermaßen unter Stichzwang. »Warum?« fragt der Richter. – »Wegen Ungarn«, antwortet der Stecher. Dort sei seinen Vorfahren im Krieg Schreckliches widerfahren. Das wollte er rächen. »Was können da die Rumänen und die Polen dafür?« fragt der Richter. »Eh nix«, sagt der hagere Rentner: »Jetzt weiß ich's auch.«

Erst vor drei Wochen war der Ausländerhasser nach einer »Bilderbuch-Amtshandlung«, an der halb Währing beteiligt war, erwischt worden: Ein Rumäne stellte sein Auto zur Verfügung, eine Firma finanzierte die Reifen, ein Elektronikbetrieb überließ der Polizei eine Videoausrüstung. In der dritten Nacht filmte man den Stecher bei der Arbeit.

Im Saal meldet sich der Besitzer eines Jeeps mit russischem Kennzeichen. 16mal seien ihm die Reifen aufgeschlitzt worden. »Es war frustrierend«, erzählt er: »Da fährst von Sibirien nach Leningrad ohne irgendwas, und am Gersthofer Platzl stehst mit hiniche Rafen.«

Die Anklage lastet Herrn Stefan 134 Fälle an. »Autos oder Reifen?« fragt der Richter. »Autoreifen«, schlägt der Beschuldigte vor. »Na, na«, sagt der Staatsanwalt: »Reifen waren's 300.« (Jeder vierte wurde verschont.)

»Geben S' alle 134 Fälle zu?« fragt der Richter. »Ja«, sagt der Stecher. »Nein«, sagt sein Verteidiger, »höchstens 50 bis 100, sonst kommt jeder daher.« – »Also 100«, sagt der Beschuldigte. »Handeln tumma net«, widerspricht der Richter. »134 sind zuviel, er war ja auch auf Urlaub«, meint der Anwalt. Der Richter überfliegt die Schadensliste. »Stimmt, im August muß er weggewesen sein, da war nix.« Der Stecher gibt schließlich nach: »Noch einmal halte ich das nervlich nicht durch.« Das Urteil: 18 Monate bedingt. Die Geschädigten dürfen das Zivilgericht bemühen.

26. 11. 1994

Reginas Cabrio-Show

Die Anklägerin sagt »Wie schriftlich« und schmunzelt. Der Richter schmunzelt. Die Schriftführerin schmunzelt. Ein paar Journalisten schmunzeln. Alle kennen den Akt. Diesen Akt kennt man in wenigen Sekunden. »Wie schriftlich« ist schon eine Art Pointe. Außerdem sitzt Regina bereits im Raum. Und man kommt nicht umhin, sich die Szene »wie schriftlich« auszumalen.

In der lauen Nacht des fünften Juni bestieg die keineswegs geheime Prostituierte Regina, eine Königin der Wiener Prater

Hauptallee, mit goldmétalliséfarbenen Stöckelschuhen das Dach eines dazupassenden geparkten Mercedes Cabrio und machte Werbung in eigener Sache.

Die Anklage erwähnt »wildes Herumhüpfen, Tanzen und Räkeln mit geschwungener Handtasche«, ferner »völliges Entkleiden«, zudem »grelles Schreien« – und eine eindeutige Aufforderung, die aus zwei Wörtern besteht, wobei das harmlosere zweite »mich« heißt und das erste (knallig formuliert) dazu animieren sollte, wovon Prostituierte gemeinhin leben.

»Entkleidet hab i mi net«, verteidigt sich Regina. »Aber mit dem Hintern aufs Dach fallen lassen«, kontert der Richter. »Es war a riesen Delle«, weiß dazu der zum Mercedes Cabrio passende Besitzer: »Das Verdeck war praktisch hin.« Sachschaden: 104.000 Schilling.

Außerdem steht die Erregung eines öffentlichen Ärgernisses im Raum. »Ihre Show hat zahlreiche Touristen aus Deutschland erbost«, sagt der Richter. »Stimmt net«, erwidert Regina: »Die ham mir alle g'wunken.«

Warum hat sie sich überhaupt zu der Aktion hinreißen lassen? »Waren Sie betrunken?« fragt der Richter. »Nein, aber unzurechnungsfähig«, sagt die Prostituierte. Als sie abgeführt wurde, mutmaßte sie gegenüber der Polizei: »Wahrscheinlich bin i euch zu schiach.« Der Prozeß wird zu Zeugeneinvernahmen vertagt.

5. 9. 1996

Gearbeitet wurde auch

Sex in der S-Bahn

Ein Mädchen behauptet, in der Schnellbahn vom Schaffner vergewaltigt worden zu sein. Der Schaffner sagt, logisch, das Mädchen habe es nicht anders als sexuell gewollt. Angeklagt ist, richtig, das Mädchen. Verleumdung, heißt es. Und das ist noch nicht einmal das Erstaunlichste an der Geschichte.

Gisela (21) war dumm. Sie dachte, der nette Zugbegleiter wollte wirklich nur eine Zigarette mit ihr rauchen. So folgte sie ihm in sein Dienstabteil. Dort war dann rasch alles klar. »Haben Sie ihn nicht angeschrien und ihm gesagt, was er für eine Drecksau ist?« fragt die Richterin. – Nein, das wäre zwecklos gewesen. Es reichte nur noch für ein blaues Kondom zur Schadensbegrenzung.

ÖBB-Zugbegleiter Friedrich sieht die Sache bedeutend romantischer. Er habe das nette Mädchen anläßlich ihres Einstiegs in Liesing gefragt: »Flirtest du gerne?« Sie habe mit Ja geantwortet, habe aber zu bedenken gegeben, den Zug in Wien-Mitte schon wieder verlassen zu müssen. Die Zeit war also knapp. So zog man sich rasch in sein Abteil zurück. »Und dort hat es sich eben so ergeben«, sagt der Zugbegleiter. »Kondom?« – »Jawohl.« »Farbe?« – »Rot.« »Nicht blau? – »Nein, rot.«

Und nun zur Gegenüberstellung: »War er es?« fragt die Richterin. Gisela: »Nein, der nicht!« – »War sie es?« fragt die Richterin. Zugbegleiter Friedrich: »Nein, meine hat längere Haare g'habt.«

»Was passiert eigentlich in unseren Schnellbahnen?« fragt die Staatsanwältin: »Macht das jeder Schaffner?« Friedrich zuckt mit den Schultern. Der Prozeß endet mit einem Freispruch. Jemand, der nicht belastet wird, kann auch nicht verleumdet werden«, sagt die Richterin. So viel zum Thema Vergewaltigung im öffentlichen Verkehr.

20. 1. 1998

Sexuelle Belästigung auch vor Gericht

Sexuelle Belästigung am Arbeitsplatz – »das muß schon klipp und klar sein, sonst ist das gar nichts«, sagt der Richter.

Der Chef bekennt sich klipp und klar unschuldig. Er habe Dagmar weder auf die Brust noch zwischen die Beine gegriffen. Er habe dem Lehrmädchen kein Pornoheft gezeigt. Und er habe nicht vor ihr... (Er schwitzt, er steht das erste Mal vor Gericht.) »Onaniert« – der Richter sagt es klipp und klar.

Ob es ihr gefallen hat? (Der Richter muß das fragen, sonst ist das gar nichts.) Dagmar preßt sich an den Zeugenstand. Damals war sie 17. Noch heute verkrampft sich alles. »Nein«, flüstert sie. Es hat ihr nicht gefallen.

Lang hat sie es für sich behalten. Dann hätte sie wieder mitfahren sollen, allein mit dem Chef. »Du kommst dran«, sagte Marion. Dagmar weinte. »Was hast du?« fragte Marion. Da erzählte sie es. Dann gingen sie zur Arbeiterkammer und zeigten ihn an. Marion hatte nur verbale Erlebnisse. Einmal bückte sie sich. Da habe der Chef gemeint: »Soll ich von hinten anschieben?« Der Richter wirkt enttäuscht. »Und einmal hat er gesagt, ich soll mir vorstellen, wir beide würden nackt vor einer Villa liegen.« – »Und haben Sie sich's vorstellen können?« fragt der Richter und schmunzelt.

Der Angeklagte dreht die Sache klipp und klar um. Nicht er habe Dagmar, sondern Dagmar habe andere männliche Mitarbeiter sexuell belästigt. Außerdem habe sie vor dem Chef ihr gesamtes Intimleben ausgebreitet. »Gearbeitet wurde auch?« fragt der Richter.

Und einmal habe sie gesagt, sie habe einen zu kleinen Busen und habe sich vor ihm entblößt, sagt der Chef. »Haben Sie einen kleinen Busen?« fragt der Staatsanwalt. Dagmar schämt sich. Der Prozeß wird vertagt, sonst ist das gar nichts.

14. 9. 1994

Ein sturer Fensterputzer

Adem hat in der Firma des Ingenieurs Fenster geputzt. Dieser, weil er »im Grunde ein sozialer Mensch« ist, hat ihm eine Betriebswohnung zur Verfügung gestellt. 36 Quadratmeter für Adem plus Frau plus drei Kinder. Türken können zum Glück von Haus aus ziemlich eng miteinander leben. Der Preis: 150.000 Schilling. Adem gelang es, einen Kredit aufzunehmen, der Ingenieur bürgte und kassierte.

Leider mußte die Wohnung »aus organisatorischen Gründen« bald freigemacht werden. Adems Familie erhielt vom Ingenieur eine Ersatzwohnung. Wem sie gehörte, weiß niemand. Einige Monate vergingen. Da wurde der Fensterputzer entlassen – beruflich, das funktionierte. Wohnungsmäßig scheiterte das Unterfangen. Adem, in sehnsüchtiger Erwartung eines Mietvertrages, weigerte sich mit den Worten: »Du bist großer Bandit, ich bin kleiner Bandit. Ich bleiben do.«

Der Ingenieur reagierte rhetorisch ungemütlich: »Wannst net ausziagst, zahl' i der Mafia 50.000 Schilling, dann bringen s' dich um.« Dieser Satz reichte dem Türken zu einer polizeilichen Anzeige.

Vor Gericht beteuert der Ingenieur, niemals »irgendwas von der Jugo-Mafia« gesagt zu haben. Der Fensterputzer bietet der Dolmetscherin gleich vier Versionen von dem Vorfall an, als die Drohung ausgesprochen worden sein soll.

Urteil: Ein böser Blick vom Richter. Freispruch im Zweifel. »Zu viele Widersprüche für einen Schuldspruch.« Immerhin: Adem bleibt in der Wohnung. Und der Ingenieur sagt zum Richter: »Übrigens, ich bin gar kein Ingenieur.«

3. 11. 1994

Arbeiten bis zum Umfallen des Chefs

Der Angeklagte ist ein kleiner 60jähriger Mann aus der Türkei, der immerzu die Arme vom Körper weghebt, stets die Hände nach vorne hin öffnet, um fortwährend Bereitschaft zu signalisieren für das, was er ununterbrochen sagt: »Arrrbeiten« – zu nichts anderem sei er in Österreich bereit und fähig. Die Staatsanwältin aber wirft ihm Mordversuch vor.

»Ich Bauernkind, ich überschüssiges Türkisch-Kind, ich Eltern unterstützen mit Geld. Arrrbeiten.« – »24 Jahre sind Sie in Österreich, da könnte man die Sprache schon besser beherrschen«, meint der Richter. – »Ich Tag und Nacht arrrbeiten.« Kranfahrer, Chauffeur, Metallarbeiter, Krankenpfleger, Baustellenbewacher. Und bewaffneter Bewacher von Geldtransporten bis zur fristlosen Entlassung und bis zum Durchschuß des rechten Mittelfußes seines Vorgesetzten.

Der Angeklagte könne (sich) schon alles erklären: Der Chef habe ihn gehaßt – wegen einer unglückseligen Formulierung. Er habe über einen Vorfall berichtet. Der Chef habe zu ihm gesagt: »Ich versteh' kein Wort.« Darauf habe er zum Chef gemeint: »Du nix verstehen, du Tschusch!« – Das habe ihm der (Wiener) Chef nie verziehen.

Zweite Szene, Wochen später: »Ich krank, aber trotzdem arrrbeiten. Draußen sehr heiß, 61 Grad, im Auto noch heißer, 63 Grad.« – »Also zwei Grad mehr«, murmelt der Richter. Der Angeklagte: »Ich keine Kraft für Schaltung, ich gehen zu Chef, sagen, nix arrrbeiten, krank. Da hat Chef kündig gemacht. Fristlos.«

Daraufhin habe der Chef die Dienstpistole des Angeklagten ergriffen, um den Türken zu ermorden, woraufhin der so Bedrohte ohnmächtig geworden sei. »Nein«, schreit der Richter: »Das ist alles ein Stuß, ein Blödsinn, ein Märchen.«

21. 1. 1992

Kassieren im Namen der Prominenz

Herr Horst war Großverdiener. Er machte sich groß und verdiente. »In Österreich mußt' nur wer sein und einen Titel haben, und die Leut' fallen auf die Knie und werfen dir ihr Geld nach«, sagt er. 204mal ließ er sich bewerfen. Mehr als eine halbe Million Schilling steckte er ein.

Am Telefon war er zum Beispiel der Agent von Placido Domingo, der gerade in Wien weilte. In einem feinen Restaurant bestellte er einen Tisch für 20 Personen und kündigte ein Geschenkpaket an, welches demnächst im Lokal einlangen würde und, bitte höflichst, dort auch gleich bezahlt werden solle. Die 7.000 Schilling könne man gern auf Domingos Tischrechnung setzen. »Aber selbstverständlich«, hieß es. Der Bote kam, gab ein Paket ab und kassierte: Herr Horst.

Weitere Glanzrollen des 53jährigen am Telefon: Direktion Guido Schmidt-Chiari, Büro Otto Schenk, Sekretariat Claudio Abbado, Bauabteilung Richard Lugner, Grafschaft Thurn und Taxis. Immer wurden Dienstleistungen gewünscht, wertvolle Pakete angekündigt, mit Papierschnitzeln gefüllte Päckchen abgeliefert und Tausender-Beträge kassiert. Immer von Herrn Horst.

»Ganz schön raffiniert«, sagt der Richter. »Aber überhaupt nicht«, wehrt sich der Angeklagte: »Saublöd, absolut idiotisch. Ich hätte nie gedacht, daß mir irgendwer drauf reinfällt. Aber man sagt ›Hofrat‹ – und alle rennen und laufen und zahlen.«

»Sie meinen, man hat es Ihnen leicht gemacht«, sagt der Richter. – »Was heißt«, erwidert Herr Horst: »Man hat mich praktisch gezwungen weiterzutun.« Das Ergebnis: vier Jahre Haft wegen schweren gewerbsmäßigen Betrugs.

31. 5. 1994

Ein Handy-Besitzer ist nicht stolz

Marcello klingt nicht nur so, er ist tatsächlich Italiener, lebt aber in England – und wurde im Wiener Hotel »Deutschmeister« vom Funktechnischen Dienst der Post im Kreise seiner 26 Mobiltelefone angetroffen. Wäre dies reine Angeberei gewesen, würde er nicht hier stehen.

Das Böse daran: In die Apparate waren mittels eines Scanners Nummern ahnungsloser Handy-Besitzer eingegeben. Diese erhielten Rechnungen für Gespräche, die Marcellos Landsleute von daheim aus in die ganze Welt führten. Auch so kann Schaden entstehen: 1,2 Millionen Schilling.

»Ich habe das in Rom gesehen und mir gedacht, das ist eine Idee, Geld zu verdienen«, sagt der 36jährige. Nun ist die Lire zwar nicht viel wert, aber wenn man, wie Marcello, pro Sprechstunde 60.000 davon verlangt, kommt hübsch eine Summe zusammen. Der Fernmeldetechniker übt sich dennoch in Bescheidenheit: »Ich bin überhaupt nicht stolz auf das, was ich getan habe.«

Seine Kunden glaubten an einen Dienstleistungsbetrieb, akzeptierten die Geschäftsbedingungen und gaben die gewünschte Zielnummer bekannt. Marcello stellte vom Hotelzimmer aus die Verbindungen her. Der Richter klagt der Dolmetscherin sein Leid. »Ich tät' ihn gern fragen, wie das technisch geht, aber ich fürchte, ich verstehe es nicht. Daher ist es sinnlos.« Mit den Opfern hat er Mitleid: »Ich möchte nicht in der Haut der Handy-Besitzer stecken, die der übermächtigen Post beweisen müssen, daß die überhöhten Rechnungen nicht von ihnen stammen.« Das Urteil des Schöffengerichts: Betrügerischer Datenmißbrauch, 18 Monate Haft, sechs davon unbedingt.

Für Marcello wird der Prozeß nun erst interessant. Er würde gern das österreichische Phänomen der »teilbedingten Haftstrafe« hinterfragen. Sein Anwalt hat leider keine Zeit. »Paß auf«, sagt er zu Marcello: »Va bene! Alles tutti! Ciao!« Zum Richter gewandt fügt der Anwalt hinzu: »Auf gut Deutsch. Wir nehmen das Urteil an.«

15. 3. 1996

Praktisches Denken, Särge verschenken

Den Richter fasziniert »Verity Services«. So sieht er Herrn Friedrich, dem österreichischen »Repräsentationsleiter«, cholerische Ausbrüche nach. Dieser schreit zum Beispiel: »Zwei Jahre sitz' ich schon in U-Haft, 15 Monate davon in Spanien. Dort hab' ich mit marokkanischen Drogenhändlern um mein Leben gekämpft!« – »Was kann ich dafür?« fragt der Richter kleinlaut.

»Verity Services« ist ein Inkassobüro. Der Chef lebt in Spanien. »Und heißt?« fragt der Richter. »Sag' ich nicht, bleibt anonym«, antwortet Herr Friedrich. »Tolle Firma, wo der Datenschutz schon beim Namen des Chefs ansetzt.«

Die Firma treibt Gelder ein. Warum sie das tut? »Es gibt eine derartige Menge an Forderungen auf dieser Welt«, sagt Herr Friedrich. »Gibt's dafür nicht die Exekutionsgerichte?« fragt der Richter. »Pah«, macht der Angeklagte, »die sind unfähig. Das ist eine Verhöhnung aller Gläubiger.«

»Verity Services« arbeitet anders. Harmlose Einstiegs-Botschaften an Schuldner lauten: »Praktisches Denken – Särge verschenken.« Wer darauf nicht zahlend reagiert, lernt »freie Mitarbeiter« kennen. Oft nicht einmal persönlich. »Wir sind sehr böse« war eines Tages in riesigen Lettern auf der Fassade eines insolventen Betriebes in Bremen zu lesen. In Offenbach erhielt ein Bilderhändler einen Stein durchs Fenster – und die Mitteilung: »Das Spiel beginnt!« In der Folge wurden die Reifen seines Pkw aufgestochen.

Einem Schuldner wurde die Tochter beinahe entführt. Einem anderen sollte ein Stoffsack über den Kopf gezogen werden. Autos explodierten, eine Diskothek ging in Flammen auf.

Auf all dies hat Herr Friedrich zwei deutliche Antworten. Erstens: »Ich bin ein gewaltloser Mensch.« Zweitens: »Einige meiner Mitarbeiter sind gottverdammte Deppen.« Der Prozeß wird vertagt.

11. 11. 1994

Die Geschäfte einer zornigen Russin

»Ich höre meinen Namen«, sagt der Richter zur Russischdolmetscherin: »Was sagt die Angeklagte über mich?« – »Äh, sie fordert Ihre Beseitigung«, erwidert die Übersetzerin. »Das ist in dem Sinn keine Ablehnung«, meint der Richter.

»Was sagt sie jetzt schon wieder?« fragt er wenig später. Dolmetscherin: »Nehmen Sie zu Kenntnis...« Richter: »Nein, ich nehme hier nichts zu Kenntnis.« Dolmetscherin: »...daß sie nicht antworten wird!« Richter: »Macht nichts. Muß sie nicht. Sie muß hier überhaupt nichts.«

Lioubov Tabounidze aus Achinsk – mindestens Opfer einer Verschwörung kommunistischer Spione, glaubt sie.

Der Richter hört schon wieder seinen Namen. Ja, auch er sei einer von ihnen. Er habe Dokumente unterdrückt und gestohlen. Er sei Teil jener Organisation, die russische Unternehmer bis zum Tode verfolgt.

Was sie getan hat? Geschäfte, sonst gar nichts. In ihrer Heimat sucht man sie wegen »Schurkerei«. Sie schuldet einigen Firmen Zellulose und Kraftmittel im Wert von sechs Millionen Dollar. In Wien ist sie erst kürzlich wegen Veruntreuung und Körperverletzung gesessen.

Danach gründete sie »Casting News«, das größte Fotomagazin der Welt. Starfotografen waren im Einsatz. Gut 80 erwählte Models von der Ukraine bis zum Neusiedlersee durften herhalten. Es gab Unterricht in Bewegung, Probeaufnahmen, Werbeinserate, Logos. Kein Aufwand war der Russin zu groß. Nur Geld hatte sie keines. Schade. So kam es zu keiner einzigen Ausgabe.

Die Russin wird wegen Betruges zu zwei Jahren Haft verurteilt – und flucht. »Nicht, daß ich mich verfolgt fühle«, sagt der Richter zur Übersetzerin: »Aber irgendwie ist da schon wieder mein Name gefallen.«

12. 11. 1997

Der Herzeigkasten des Bundesheeres

Szene eins (nachgestellt): Alltag in der Kaserne. Die Wehrmänner Stefan und Raimund leisten in der Werkstatt ihren teilprivatisierten Präsenzdienst ab – Die Reifen für den Oberwachtmeister sind gewechselt, die Autoscheiben des Zugsführers gewaschen. Jetzt kommt der Vizeleutnant mit einem vertraulichen Spezialauftrag: »Burschen, i brauchat an Kasten für mei Schlafzimmer. Ihr habt's eh Zeit, die Bretter bring' i euch. Aber tut's des net an die große Glocke hängen, gö?« – Kein Problem für Tischler Stefan. In zwei Tagen ist das Prachtexemplar fertig.

Szene zwei (nachgestellt): Die Kasernenidylle ist dahin. Wehrmann Raimund wird aufmüpfig. Der Vizeleutnant wollte ihn zum Assistenzeinsatz an die Grenze verbannen. Raimund beschwert sich beim übergeordneten Kommandanten. »Und noch etwas«, sagt der 22jährige: »Ich finde das nicht in Ordnung, daß wir die Hälfte unserer Dienstzeit mit privaten Arbeiten für unsere Vorgesetzten verbringen müssen.« (Aus diesem Gespräch resultiert eine Strafanzeige, die Staatsanwaltschaft erhebt Anklage wegen Amtsmißbrauchs.)

Szene drei (fingiert): Anwalt zu Vizeleutnant: »Die Reifen geben wir zu, den Kasten streiten wir ab.« Vizeleutnant: »Meinen S'?« Anwalt: »Na sicher. Beim Kasten sagen wir, daß er für die Kaserne bestimmt war. Den stell' ma wo ab und fotografieren ihn.« Vizeleutnant: »Im Munitionsdepot, da geb' ma die Schutzmasken drauf.« Anwalt: »Genau.«

Szene vier (real): »Haben Sie den Wehrmännern befohlen, im Dienst Autoreifen zu wechseln?« fragt der Richter. »Befohlen nicht«, sagt der Vizeleutnant: »Ich hab' nur gesagt, sie sollen's halt machen. Das ist üblich. Reine Kameradenhilfe.«

»Und der Kasten?« fragt der Richter. Vizeleutnant: »Das Regal war von Anfang an fürs Bundesheer bestimmt.« Richter (schaut sich die Fotos an): »Alle Achtung, sehr schön lackiert! Paßt eigentlich besser in ein Schlafzimmer.« – »Aber gehen S'!« sagt der Verteidiger. Der Prozeß wird vertagt.

29. 1. 1997

Frau Anna und die Parkscheine

»Wie kommt eine 1947 geborene, unbescholtene Frau auf so eine Idee?« fragt die Richterin jene 1947 geborene, unbescholtene Frau, die als Büroangestellte auf die Idee kam, die Firma um 1,3 Millionen Schilling zu belinken. »Ich kann das eigentlich überhaupt nicht sagen«, wimmert die 1947 geborene Frau knapp vor dem Ende ihrer Unbescholtenheit.

So weit hergeholt war die Idee nun auch wieder nicht. Frau Anna hatte für die Servicetechniker der Firma Alcatel Parkscheine zu besorgen. Das war relativ unspektakulär. Die Spannung steigerte sich erst, als sich die 48jährige von den

Trafikanten Blankobestätigungen geben ließ. »Was macht man damit?« fragt die Richterin. »Da setzt man dann Beträge ein«, antwortet die Angeklagte. »So ganz nach den persönlichen Geldwünschen«, sagt die Richterin. Frau Anna muß nicken.

Mit gefälschten Unterschriften passierten die Formulare die Verrechnungsstelle. Zwei Jahre lang lebte die Firma unbemerkt im fingierten Park-Rausch ihrer Techniker. Der Staatsanwalt errechnete einen Schaden von 1,8 Millionen Schilling. Das Schöffengericht einigte sich auf eine Sparvariante von 1,3 Millionen.

Die Richterin verliest, was Frau Anna angab, mit dem Geld gemacht zu haben: Golfklub-Jahreskarte für den Sohn, Wohnung für den Sohn, Inventar für die Wohnung für den Sohn, Führerschein für den Sohn, Urlaub in Tunesien für den Sohn. »Tolle Mutter«, meint die Richterin.

Ohne Sohn: ein Urlaub in Kärnten für 40.000 Schilling. »Sagte schon der Kreisky, daß Kärnten zu teuer ist«, erinnert sich die Richterin. Weitere Investitionen: Spielzeug für die Neffen und Nichten, eine Zahnprothese für den Eigenbedarf, Unmengen von Gewand, Geschirr für 50.000 Schilling. »Kochen S' so gern? Essen tun S' offenbar nicht so gern, sonst wären S' nicht so dünn«, meint die Richterin.

»Haben S' auch was gespart?« – »Nein«, antwortet Frau Anna weinerlich. »Das ist schlecht«, bemerkt die Richterin. Das Urteil: Drei Jahre Haft, sechs Monate davon unbedingt. Und – Schadenswiedergutmachung.

5. 5. 1995

Die wundersame Geldentleerung

Der Wiener Rechtsanwalt verfügt über eine finanziell gesunde Kanzlei. Drei Jahre lang sind ihm monatlich 60.000 Schilling abhanden gekommen – und er hat es nicht bemerkt.

»Erstaunlich«, sagt da der Kleinverdiener, der Richter. Auch der Staatsanwalt ist entzückt: »Wie viel Umsatz machen Sie, daß Ihnen der Verlust von 2,4 Millionen nicht auffällt?« – Nun, der Rechtsanwalt spricht (ungern) von »zwei, drei Millionen im Monat«, die auf seinem Konto ein- und ausgehen.

Zum Prozeß. Dieser ergibt sich aus der Art, wie das Geld verschwunden ist: Es wurde gestohlen. Von der Sekretärin. »Sie war äußerst tüchtig und so bescheiden«, beteuert ihr Ex-Chef. 119 Schecks hat sie ihm weggenommen.

»Haben Sie keine Angst gehabt, daß man Sie erwischt?« fragt der Richter. Die 46jährige Frau – sie wirkt tüchtig und bescheiden – antwortet: »Es war einfach die Gelegenheit.« – »Gelegenheit macht Diebe sozusagen«, fällt dem Richter ein.

Was aber hat die Frau mit dem vielen Geld gemacht? – »Es ist mir ein Rätsel«, sagt ihr Ex-Chef: »Sie war so ärmlich und immer bescheiden.« Ihr Verteidiger: »Sie hat ihren Mann pflegen müssen. Der hat nur noch ein Viertel Magen.« Die Angeklagte: »Ich mußte ihm abends fünf Mal kochen. Er kann nur kleine Sachen essen.« Der Richter: »Das kostet 80.000 Schilling im Monat?« Die Angeklagte: »Es waren teure Sachen.«

Der Staatsanwalt fragt den Rechtsanwalt: »Wie war ihr Verhältnis zu der Frau?« Der Anwalt: »Sie meinen die sexuelle Belästigung? Bitte, das stimmt nicht!« Der Staatsanwalt: »Davon hab' ich gar nichts gewußt.«

Nach drei Jahren fühlte sich der Rechtsanwalt endlich betrogen. Die Sekretärin wechselte noch rasch die Kanzlei. Ihrer neuen Chefin fiel zunächst die Bescheidenheit der neuen Bürokraft auf, erst dann der Verlust von Anwaltsgeldern.

Schließlich erwischte man sie mit einem präparierten Tausend-Schilling-Schein. »Was haben Sie damit gemacht?« fragt der Richter. »Gegessen«, antwortet die Angeklagte bescheiden. Der Richter: »Liegt einem so etwas nicht im Magen?« Die Angeklagte: »Und wie!« Urteil: Zwei Jahre bedingt.

12. 3. 1992

Abteilung Schaden

Robert verspielte in einer Nacht 18 Millionen Schilling. Er hatte sie nur leider gerade nicht bei der Hand. Da Profi-Spieler keinen Spaß verstehen, mußte er das Geld innerhalb von zwei Jahren zurückzahlen. Beinahe hätte es funktioniert. Beinahe heißt: Vier Jahre Haft wegen Untreue.

Robert (38) war ein braver Versicherungsangestellter. Nach Dienst ging er gern ins Gösser-Bräu, im Sommer '95 schaute er nachher noch ein paarmal in der Da-Conte-Bar vorbei, wo ihn eine freundliche Würfel-Runde herzlich willkommen hieß.

»Was ham S' denn da g'spielt?« fragt der Richter. »Seven Eleven«, erwidert Robert mit weinerlicher Stimme. »Oba net des Bummerl um an Schüling«, weiß der Richter. Nein, es ging um andere Beträge. Drei Abende verfehlte er einen Reingewinn nur um wenige Zehntausender. In der vierten Nacht wollte überhaupt nichts mehr gelingen. Bei minus 18 Millionen tat er den Spielern schon so leid, daß sie freiwillig aufhörten. Er mußte nur noch ein paar Schuldscheine unterschreiben.

In der Folge erhielt er einige garstige Anrufe, in denen vom Knochenbrechen die Rede war. Zum Glück saß er beruflich an der Quelle – in der Schadensabteilung. Dort ließ er sich in zwei Jahren 220 Fälle zukommen und zweigte 17,5 Millionen ab, die er in kleinen Portionen zurückzahlte. Knapp vor der endgültigen Wiedergutmachung flog der Schwindel auf. Jetzt geht das mit dem Zurückzahlen von vorne los. Diesmal an die Versicherung.

Der Anwalt findet Worte des Trostes: »Die haben nur auf einen Deppen wie ihn gewartet.« Die Staatsanwältin (vermutlich Bausparerin) meint: »Absoluter Wahnsinn! 18 Millionen in einer Nacht! Mir fehlen die Worte.« Und die Profi-Spieler schwärmen noch heute von Robert: »Der war ein Vollhammer. Wenn der wieder wo spielt, samma dabei.«

4. 2. 1998

Seine Täterpersönlichkeit war eben nicht stark genug

Späte Spiele kosten viel

Ein ruhiger Dienstag im Wiener Landesgericht. »Die Mörder bringen sich selber um, und die Republik kassiert die Sparbücher«, meint ein Anwalt am Morgen dieses kalten Wintertages.

Sein Kollege vertritt (wenigstens) eine Glücksspielerin. Sie hat 880.000 Schilling veruntreut – um Geld zu gewinnen, was eindeutig nicht gelang. »Sie liegt da mit ausg'streckte Patschen«, sagt der Verteidiger zu Beginn der Verhandlung.

Der Richter ist auf ungeduldige Weise gerührt. – »Tun S' da net weinen, bringt ja nix mehr.« Das Weinen verstärkt sich. Richter: »Hören S' doch auf zum Weinen!« – Im Gegenteil. Richter: »Was g'schehen is, is g'schehen.« Aber eben nur zum Teil. Drei Monate bedingt. Und monatlich 5.000 Schilling Rückzahlung bis weit ins nächste Leben hinein.

Die Frau war Filialleiter-Stellvertreterin beim Konsum. Allabendlich warf sie die Tageslosung in den Tresor. Einmal wählte sie den Umweg über einen Wiener Roulette-Tisch. Aufgrund blöder Zahlenfolgen war das Geld auf einmal fort.

Am folgenden Tag versuchte sie mit der neuen Losung, den verspielten Einsatz zurückzugewinnen. Wieder nichts. Das ging fast einen Monat so.

»Eine Frau über 60, die von einem Tag auf den anderen der Spielsucht verfällt«, rekapituliert ihr Verteidiger. Laut Anklage ist die Frau 62 Jahre alt. Tatsächlich wurde sie 1944 geboren. »Na also, so alt sind S' ja noch gar nicht«, sagt der Richter: »Also hören S' schon auf zu weinen.«

»Und verheiratet sind S' auch.« (Weinen verstärkt sich.) »Wir leben zwar in einem Haushalt, aber wir reden nix mehr miteinander«, wimmert die Angeklagte. »Ja«, seufzt der Richter, »das kommt öfter vor.« Endlich wirksamer Trost.

17. 4. 1996

Der Mut zum Tresor

Robert hat sich für seinen Prozeß viel vorgenommen. Die zwei gelungenen Einbrüche will er nicht begangen, den versuchten nicht gewollt haben. Unschuldig? – »Was ich zugegeben habe, dazu bekenne ich mich.« (Diebstahl eines Brecheisens.) Ein Blick zum Verteidiger. Der nickt zufrieden.

Robert übte zwei interessante Berufe gleichzeitig aus. Erstens war er bei der Feuerwehr. »Was waren Sie dort?« fragt der Richter. »Meister«, anwortet Robert. – »Da sitzen Sie und warten, bis was zum Brennen anfängt«, schätzt der Richter. »So ist das bei der Feuerwehr«, erwidert Robert.

Zweiter Beruf: Geldtransportfahrer. Ideal für Leute mit folgenden Einkommensverhältnissen: 39.000 Schilling netto im Monat. 32.000 Schilling Kreditrückzahlungen im Monat. 5.000 bis 10.000 Schilling Spielschulden im Monat. Konto überzogen. Motorrad intakt. Auto neu. Und: Familie mit vier Kindern.

»Wovon haben Sie gelebt?« fragt der Richter. »Meine Frau ist sparsam beim Kochen«, erwidert Robert.

Im September 1996 – nein, das war er nicht. Da hat jemand zwei jener Billa-Tresore ausgeräumt, die er sonst entleert. 200.000 Schilling fehlen bis heute. »Sie hätten es sein können, das müssen Sie zugeben«, sagt der Richter. »Theoretisch«, murmelt Robert. »Aber das Geld ist bei ihm niemals in Erscheinung getreten«, weiß sein Anwalt.

Im September 1997 – ja, das war er. Er hat von einem Magnetschlüssel einen Plastilin-Abdruck genommen und das Ding daheim nachgebaut. Mit dem gestohlenen Brecheisen hat er in der Nacht die Außenwand geknackt und sein Schlüsselfabrikat in den Tresor gesteckt »Und?« fragt der Richter. »Der Tresor ist aufgegangen.« – »Na, toll. Und?« – »Ich hab' ein Blackout bekommen.« – »Wieso?« – »Ich hätt' nie gedacht, daß der Schlüssel sperrt.« Also lief er ohne Beute davon.

»Seine Täterpersönlichkeit war eben nicht stark genug«, meint sein Anwalt. (Außerdem hat gerade ein Auto eingeparkt.) »Seine Täterpersönlichkeit war nicht einmal stark genug, das Brecheisen mitzunehmen.« – Es war von der Feuerwehr. So wurde er überführt. Das Urteil: Versuchter Einbruchsdiebstahl, zehn Monate bedingt.

10. 1 .1998

Dem Erpresserpärchen tut es leid

Hedwiga weint die ganze Zeit. Die Haare über dem Gesicht verbergen nichts von ihrer Kläglichkeit. Am liebsten würde man sie nach Hause schicken. Die Handschellen übertreiben. Das Mädchen ist 20 Jahre alt und unkriminell.

Sie liebt Peter (30), sie haben geheiratet. Sie war mit, als er in den Regalen dreier Billa-Filialen Sprengsätze versteckte. Sie wollten immer beisammen sein. Jetzt sitzt ein Polizist dazwischen. Und danach werden sie in ihre weit voneinander entfernten Zellen abgeführt.

Peter war es. Der Staatsanwalt kann aus dem Akt kräftig Wut schöpfen. Erst der Erpresserbrief an Billa-Eigentümer Karl Wlaschek: Entweder drei Millionen oder Explosionen. Es passierte nichts. Da bastelte Peter kleine Benzinbomben mit Glühdrähten und Zeitzündung, verpackte sie in Waschmittel- und Reispackungen und suchte die Kaufhäuser auf. »Ich wollte nur zeigen, was passieren könnte«, sagt er. Es zeigte sich, was passieren kann: Zwei Filialen ausgebrannt, eine zerstört – 20 Millionen Schilling Schaden.

Der Staatsanwalt preßt noch mit rotem Kopf Worte wie »heimtückisch«, »hinterhältig« und (offenbar Wlascheks) »Wehrlosigkeit unverschämt ausgenützt« hervor. Aber Peter hat die

Schöffen bereits für sich gewonnen. Er gesteht alles, er beschönigt nichts, und er zeigt glaubwürdige Reue.

Das Motiv: drei Millionen Schilling Schulden. Sein schwindelerregender Berufsweg führte vom Kfz-Techniker zum Sanitäter und weiter zum Unternehmer für Immobilien und Autoersatzteile, wo ihn Partner und Kunden hemmungslos legten. Seine Erkenntnis: »Immer wenn man anständig ist, kriegt man eine am Deckel.« So beschloß er, unanständig zu sein.

»Es tut mir schrecklich leid, ich habe wirklich nichts gegen Billa«, sagt er heute. Und: »Es war ein verdammt blöder Ausrutscher.« – »Wer sagt, daß Sie nicht weiter rutschen?« fragt die Richterin. »Mein Gewissen«, antwortet Peter.

»Ich bitte Sie«, fleht er die Schöffen an: »Sie haben unser Leben in den Händen, schmeißen sie es nicht weg.« Tun sie nicht: Drei Jahre Haft, eines davon unbedingt, für Peter. 15 Monate, fünf davon unbedingt, für Hedwiga. Der Staatsanwalt grollt: »Berufung«.

19. 3. 1994

Rattengift in den Lieblingskeksen des Erpressers

Kurz hatte der Magister sogar mit einem Bankraub spekuliert. »Aber ich war beim Zivildienst«, sagt er. Raub wäre ein Stilbruch gewesen. Da fand er Erpressung schon besser. Sieben Millionen Schilling wollte er einem Süßwarenerzeuger entlocken. »Warum gerade Bahlsen?« fragt der Richter. »Klingt blöd«, sagt der Angeklagte, »aber die esse ich selbst am liebsten.«

Hochintelligent ist er, der seriöse Brillenträger im Anzug. Und über Unternehmensberatung versteht er zu reden. Seiner kleinen Firma fehlte zum Erfolg lediglich die Kundschaft. »Wäre ich

Staubsaugervertreter gewesen, hätte ich halt doppelt so viel gearbeitet.« Aber was macht ein Managerberater ohne Manager?

Eine Million Schilling Schulden. »Am besten wäre eine Erpressung«, dachte er beim Naschen daheim. Bahlsen! – Das Beste war für ihn plötzlich ganz normal. Er eröffnete 70 Sparkonten und schickte dem Keks-Hersteller einen ersten Drohbrief. »Überweisen Sie auf die unten angegebenen Konten je 100.000 Schilling! Wenn Sie irgendwelche Tricks versuchen, starten wir die Aktion Rattengift. Nach einiger Zeit hat sich die Gleichung Bahlsen ist gleich Rattengift in den Köpfen Ihrer Konsumenten eingenistet. Zur Freude Ihrer Konkurrenz!«

Bahlsen zeigte nicht die erwünschte Wirkung, die Konten blieben leer. Also schlich der Magister in den Keller und holte Rattengift, verdünnte es mit Wasser, mischte Schwimmbadentkalkungsmittel dazu, würzte es mit zerbröseltem Tabak, zog eine Spritze auf und verpaßte fünf »Messino«-Packungen Injektionen. Ungefährlich, aber ungenießbar, stellten die Gutachter später fest.

In der Nacht tarnte er sich als Jogger und verteilte die präparierten Schachteln auf Wiener Kinderspielplätze. Die Vollzugsmeldung erstattete er bei der Kronenzeitung. Tags darauf hieß es: »Erpresser will Kinder vergiften.«

Aber Bahlsen zahlte nicht. Da schrieb der Magister verbittert: »Sie nehmen uns leider nicht ernst. Wir bitten Sie, uns nicht zu zwingen, ein Exempel zu statuieren.« – Wieder keine Reaktion. Da starb der Onkel des Erpressers. Der 36jährige erbte plötzlich 1,2 Millionen Schilling und beschloß, die Aktion Bahlsen abzublasen. Beim Schließen der Konten erwischte man ihn.

Sein Verteidiger versucht, die sieben Millionen abzuwerten: Bei einem Umsatz der Firma Bahlsen von 14 Milliarden Schilling sei das so, als würde man jemanden, der 14.000 Schilling verdient, um 35 Schilling erpressen.

Außerdem kann der Anwalt den angedrohten »Angriff auf Leben und Gesundheit der Bevölkerung« (Landzwang, Paragraph 275, StGB) nicht erkennen: »Wenn für die Leute Bahlsen ungenießbar ist, dann sollen sie halt Mannerschnitten essen.«

Das Urteil: Zweieinhalb Jahre Haft.

7. 7. 1994

Ein Schlachthof vor dem Richter

Rinderwahnsinn im Großen Schwurgerichtssaal. 65 Schlächter aus St. Marx schlichten sich Schenkel an Schenkel hinter ihre Namensschilder – für jeden Fleischer ist nur je ein Platz reserviert – und plaudern aus der Schule der »Bladernstengel« (welche außerhalb des Schlachthofes auch »Stierhoden« genannt werden dürfen). Der Anlaß: Schwerer gewerbsmäßiger Bandendiebstahl. Oder auch nicht.

Der Vorwurf der Staatsanwaltschaft ist leichter formuliert als nachgewiesen. Die Herren vom Schlachthof sollen sich jahrelang an Rindern bedient und deren Restln verwertet haben.

Köstliche handtellergroße Muskel-Schnitzeln aus der Hodengegend, herzhafte Kronfleisch-Stücke und saftige Stichfleisch-Happen wurden in firmeneigenen Trögen zwischengelagert – und gelangten in den Gassen-Verkauf. »Für einen Kilo haben sie bis zu 38 Schilling verlangt!« – Die Empörung des Staatsanwalts läßt die Spekulation zu, daß er selbst einmal Kunde war.

Wöchentlich sollen durch den »Ab-Schlachthof-Verkauf« bis zu 15.000 Schilling zusammengekommen sein. Das Geld haben die St. Marxer in zünftige Betriebsfeiern investiert und unter Bezeichnungen wie »Partiegeld«, »Strickgeld« und »Blutgeld« zur Ausschüttung gebracht.

Der Richter nimmt die Verhandlung nicht aufs leichte Schulterscherzl. Er war sogar eigens im Schlachthof, um die Abzweigungsmöglichkeiten zu testen. Bei Begriffen wie »Auslungeln« oder »Leber schlichten« nickt er wissend, als würden sie zu seinem täglichen Wortschatz gehören.

Einzig: »Die wos die Viecher bringa tuan« (dritter Schlächter von links) ist dem Richter zu allgemein formuliert. »Wie heißen die, haben die nicht einen Namen?« fragt er in die versammelte Fleischer-Runde – »Des san die Bauern«, ruft einer vor. »Schon«, sagt der Richter unbefriedigt. »Die Aiinsaiinder«, ruft einer obersteirisch. »Einzeiler?« fragt er zurück. »Einsender heißen die«, flüstert der Staatsanwalt dem Richter zu.

Manche Gepflogenheiten im Wiener Schlachthof St. Marx sind der Öffentlichkeit noch wenig vertraut. »Was ist mit den Herzzapfen geschehen, wurden die verkauft?« fragt der Richter. »Nein«, antwortet ein Fleischer, »die hängen wir immer auf den Christbaum.« Der Prozeß dauert wahrscheinlich eine Woche.

11. 1. 1995

Die wundersame Schnitzelvermehrung

Vier Burschen sitzen nett gekleidet und artig aufgereiht wie (spätberufene) Firmlinge vor dem Richter.

»Meine Herren«, sagt er, »das Verfahren kann man kurz oder lang machen. Ich bin für kurz.« Die Angeklagten nicken vorsichtig zustimmend, der Verteidiger stürmisch. Es geht um veruntreutes Geld. Der genaue Schaden läßt sich nicht nachweisen. Ab 25.000 Schilling sieht der Gesetzgeber deutlich strengere Strafen vor. Damit sympathisiert die Staatsanwaltschaft. Der Richter will lieber unter der Grenze bleiben. Als Gegenleistung fordert er ordentliche Geständnisse.

»Hier handelt es sich offensichtlich um eine typische Koch-Kellner-Partie«, diagnostiziert der Richter. Ein schlechter Jahrgang (1994) für den Besitzer eines Wiener Café-Restaurants. Er wurde in Teamwork belinkt. »Wie sind Sie draufgekommen?« fragt der Richter. »Ich hab's g'spürt, sowas hat man als Gastronom im Gefühl«, antwortet der Chef.

Beispiel A: Gäste bestellen bei Kellner Ernst zwei Schnitzel. Er tippt den Preis von einem Schnitzel in die Kassa. Er hängt den bonierten Zettel in die Küche – und zeigt Koch Herbert bei zwinkerndem Auge das Victory-Zeichen. Dafür bekommt er zwei Schnitzel. Die Gäste sind zufrieden.

Beispiel B: wie A, nur vier statt zwei Schnitzel und zwei statt einem Victory-Zeichen. Beispiel C: Hühner- statt Wienerschnitzel. Beispiel D: Koch Reinhard statt Koch Herbert. Beispiel E: Kellner Arman stellt Koch Reinhard ein Bier in die Küche und erhält dafür einen gemischten Salat, den er einem Gast serviert. Rundum Zufriedenheit.

»Als Motiv gebe ich an, daß ich zuwenig verdient habe – 12.000 Schilling ohne Trinkgeld«, klagt einer der Köche. Die tägliche Auffettung: 1.500 Schilling. »Wie oft?« – »Drei-, viermal höchstens.« – »Geh, geh«, empört sich der Chef: »Täglich habt's mich g'nommen.« 200.000 Schilling verlangt er insgesamt. »Wie komm' ich zum Geld?« fragt er den Richter. »Eine gute Frage«, würdigt dieser – und verweist auf den Zivilrechtsweg.

»Und Sie wollen alle ein mildes Urteil, nehme ich an«, sagt der Richter. Die vier nicken. Also: Bedingte Haftstrafen von ein bis drei Jahren. »Sowas passiert in der Gastronomie offenbar tagtäglich«, resümiert der Richter. »Eine Art Kavaliersdelikt«, bestätigt ein verurteilter Kellner.

20. 4. 1995

Am Anfang war die Golden Card

Vielleicht um die Wirtschaft abenteuerlicher zu gestalten, werden neue Kreditkarten nach wie vor auf dem Postweg zugestellt. Nicht jede erreicht ihren Besitzer. Bürger des Landes, die zuvor nie gewagt hätten, mit »bargeldlos« »Einkauf« zu assoziieren, halten dann plötzlich fremde Golden Cards in der Hand. Die meisten geben sie ab. Martin, ein damals 21jähriger Pizzakoch, behielt sie. Gestern hat man ihn wegen schweren gewerbsmäßigen Betrugs verurteilt.

Der schlacksige Bursch gibt alles zu. Das macht ihn auf Anhieb sympathisch, denn der Prozeß hätte mühsam werden können. 66 Einkäufe hat Martin getätigt. 277.000 Schilling hat er sich (mit Hilfe der Kreditkarte) zu zahlen erspart.

Anfang Jänner 1992 lag sie in einem Kuvert auf dem Postkasten – und war an und für sich für den Wohnungsnachbarn bestimmt. Aber Martins finanzielle Situation war zu trist, um nicht in einen spontanen bargeldlosen Kaufrausch zu verfallen. Von Niedermayer ging's zu Delka, von dort aus zu Frontline und wieder zurück zu Niedermayer – mehrmals wöchentlich.

»Was haben Sie mit den Sachen gemacht?« fragt der Richter. »Verkauft«, antwortet Martin. »Wahrscheinlich um die Hälfte«, meint der Richter. »Nicht einmal«, gesteht Martin.

»Und was haben Sie mit dem Geld gemacht?« fragt der Richter. »Davon gelebt«, sagt der Bursch. »Und wahrscheinlich ein Auto gekauft«, meint der Richter. »Nein, zwei«, sagt Martin.

»Jetzt frage ich Sie, was war Ihr Motiv für das Ganze?« setzt der Richter nach. »Jugendlicher Leichtsinn, glaube ich«, sagt Martin. Sein Anwalt sieht es realistischer: »Er hat die Möglichkeit gehabt, relativ rasch relativ viel gratis einzukaufen.«

»Wissen Sie, was auf schweren Betrug steht?« will der Richter vom Pizzakoch wissen. »Ein bis zehn Jahre«, sagt Martin.

»Richtig. Wollen Sie so lange im Gefängis sitzen?« fragt der Richter. »Wollen nicht«, sagt der 22jährige.

Das Urteil: 21 Monate Haft, sieben unbedingt. »Wissen Sie, warum so milde?« fragt der Richter: »Nur weil Sie alles gestanden haben.«

19. 1. 1994

Rauben ist einfach zu einfach

Bankbeamte ließen sich mutwillig überfallen

»Wie reagiert der Normalbürger auf Schulden?« fragt (sich) die Staatsanwältin. »Er hofft auf einen Lotto-Sechser«, meint sie. – Sie möge nie verschuldet sein.

Wie reagierten die beiden Bankbeamten der »Ersten«? – Sie nützten den Heimvorteil, engagierten einen Räuber, machten ihn mit den technischen Finessen der Filiale in Neustift vertraut – und wurden vorschriftsmäßig überfallen. Beute: 2,3 Millionen Schilling.

Woran es scheiterte? Am Räuber. Er war heroinsüchtig und hatte plötzlich zu viel Suchtgift. Vier Monate nach dem Überfall versetzte er die Beamten. Sie wurden zum Beispiel gekündigt.

Der Prozeß steht im Zeichen anwältlicher Bemühungen, den eigenen Klienten als moralisch besten Angeklagten zu präsentieren.

Herr Otto, 22 Jahre bei der »Ersten«. Gott, was hat er Geld genommen und gegeben – und niemals eingesteckt! Dann die Chance: Er darf sich auf Kredit Partizipationsscheine kaufen. Der Golfkrieg kommt, Gorbatschow geht. Plötzlich hält Herr Otto bei minus 1,2 Millionen Schilling.

Herr Alfred, 50 Jahre alt, treuer Banker, partizipiert ebenfalls am Einbruch der Kurse. »Scheiß Erste«, sagt er zum Kollegen beim Heurigen in Grinzing. – Da schwören sie sich, eines Tages ausgeraubt zu werden.

Herr Robert wird engagiert. Er ist Profi, hat schon zwei Raube hinter sich. Am 23. Februar mittags winkt ihn Herr Otto, der Kassier, zu sich in die Bank, wechselt ihm Geld und führt ihn zur verschlossenen Tür. Dort setzt er sich die Mütze auf, nimmt den Gasrevolver. Der Rest ist Routine.

Die Herren Alfred, Otto und Robert werden zu sechs, sieben und acht Jahren Haft verurteilt.

11. 11. 1993

1,4 Millionen bar in den Sack

Ein 35jähriger, gut situierter Grieche, der schon einige Jahre in Wien lebt, hat in einer finanziell tristen Situation den Weg in die Bank gewählt. Staatsanwalt und Verteidiger beleuchten aus diesem Anlaß das zeitgenössische Räubertum in Österreich.

Der Staatsanwalt: »Ich weiß nicht, werte Geschworene, ob Sie täglich Zeitung lesen. Ich sage Ihnen – immer dasselbe. Räuber, Räuber, Räuber, große, kleine, dicke, dünne. Räuber mit Messern, mit Pistolen, mit Gewehren, mit Pumpguns, mit dem Auto, mit dem Fahrrad, zu Fuß... Das geht ununterbrochen so. Und, Sie werden es nicht glauben, wir haben hier schon wieder einen sitzen.

Unser verehrter Herr Angeklagter hat sich lobenswerterweise mit dem Handel von Südfrüchten beschäftigt. Leider ist er in Konkurs gegangen... Da entdeckte er eine gut gefüllte Raika, besorgte sich eine Pistole, wickelte sich den Schal um den Kopf – Sie kennen das zum Überdruß, und auch den beliebten Wortschatz : ›Geld her, das ist ein Überfall!‹

Man braucht nicht einmal mehr einen Scheck, wenn man Geld abheben will: 1,4 Millionen in zwei Minuten. Bei ehrlichem Verdienst von netto 15.000 im Monat arbeitet man acht Jahre dafür.

Und warum die vielen Räuber? – Weil die Strafen zu gering sind.«

Der Rechtsanwalt: »Die Strafen sind zu gering? Aber wo! Bis zu fünfzehn Jahre gibt es für schweren Raub. Aber daran denkt kein Räuber. Die vielen Überfälle haben einen ganz anderen Grund: Die Banken schwören auf kundenfreundliche Kaffeehausatmosphäre und verzichten auf dicke Panzerglasscheiben und andere Sicherheitsmaßnahmen.

Der meinige (Angeklagte) wollte gar nicht so viel Geld. Die Kassierin hat ihm aber nur große Scheine in das Nylonsackerl gestopft. Die Hunderter hat sie nicht angefaßt. Da war das Alarmpaket drinnen. Und der Alarm wäre ihr zu laut gewesen. Die Überwachungskamera ist schon 14 Jahre alt und surrt wie verrückt. Fazit: Rauben ist einfach zu einfach.«

Anmerkung: Die Kassierin war mit dem Räuber allein im Raum, ihr Kollege verbrachte die Zeit des Überfalls auf der Toilette.

Das Urteil: Drei Jahre Haft, zwei davon bedingt.

31. 3. 1993

Fünf Banken für eine Shrimpsfarm

Vor seinem ersten Banküberfall hat der heute 31jährige Helmut »irgendwann«, wie er sagt, den Beruf des Elektrikers erlernt. »Warum haben S' keine Gesellenprüfung gemacht?« (Eine beliebte Frage von Richtern zu Prozeßbeginn – deutet vorwurfsvoll ein bißchen schon auf das Scheitern und die schiefe Bahn der Angeklagten hin.) Helmut zuckt mit den Schultern.

Vor seinem ersten Banküberfall war die öde Zeit in einer steirischen Kleinstadt mit seinem früheren Freund und späteren Komplizen Wilfried, der Ausstieg nach München, das eigene Blumengeschäft bis zum Eingehen, die Ratlosigkeit. Bis zur Idee.

Nach dem ersten Banküberfall – »ein typischer«, sagt der Richter – war die Reise auf die Philippinen. Helmut und Wilfried blieben »bis das Geld weg war«. 700.000 Schilling in zwei Jahren.

Der zweite Banküberfall war »kein typischer«, meint der Richter. Die bewaffneten Räuber gelangten über die Tiefgarage zum Hintereingang einer Münchner Bank, »kassierten« (so der Richter) das Personal, legten einem Angestellten eine Bombenattrappe in die Hand, ließen den Tresor öffnen, flüchteten – auf die Philippinen: zwei Millionen Schilling in einem Jahr. »Wie kann man das ausgeben?« fragt der Richter. Helmut: »Wir haben eine Shrimpsfarm aufgebaut.« »Warum Shrimps?« fragt der Richter. Helmut: »Soll gut sein.«

Mit dem dritten Banküberfall (wieder München, wieder Hintereingang, wieder Geiselnahme) bekam die Fischfarm auf den Philippinen noch eine Chance: 2,3 Millionen Schilling in neun Monaten. »Teure Shrimps«, sagt der Richter.

Der vierte Bankraub vollzog sich in Linz: 1,6 Millionen für anschließende vier Monate auf den Philippinen. Helmut: »Das mit den Shrimps klappte nicht.«

Der fünfte Bankraub (in Wien-Mariahilf) war kein typischer: Er mißlang. Eine Geisel konnte entkommen. Wilfried wurde zornig, schoß auf den Filialleiter, verletzte ihn schwer, entkam auf die Philippinen. Helmut flüchtete und wurde verhaftet.

»So, und wo ist das Geld wirklich?« fragt der Richter am Ende des ersten Verhandlungstages gar nicht mehr so freundlich. Helmut zuckt mit den Schultern.

21. 8. 1991

Bankraub unter schlechten Sternen

Geboren 1952 in Stuttgart, deutscher Staatsbürger, Gymnasiast ohne Reifeprüfung, Unternehmensberater ohne Kunden, Fremdenführer ohne Touristen, Pech mit Alkohol im Verkehr, Schulden, ein kleiner Betrug, eine kleine Haftstrafe, nicht angetreten, nach Wien geflüchtet.

»Stimmt das, was der Staatsanwalt behauptet?« fragt der Richter. Der Angeklagte. »Ja, alles ganz korrekt, beinahe liebevoll.« Die Geschworenen schmunzeln. Räuber haben sie sich wohl anders vorgestellt, nicht so höflich, so korrekt. Beinahe liebevoll.

»Warum dann der Raub?« fragt der Richter. Der Angeklagte: »Die Verzweiflung. Ich hatte keine Identität mehr mit dem Sein. Ich war schon irgendwie gestorben, und bin dann doch noch in die Bank. Es war ein närrisches Stück.«

Wichtig sei ihm gewesen, niemandem etwas zuleide zu tun. »Ich hab' geschaut, ob Kinder oder alte Menschen in der Bank waren. Dann hätte ich es nicht getan.« Beim Kassier vorne habe er sogar »bitte« gesagt. »Und noch eine Kleinigkeit«, ergänzt der Richter: »Die Gaspistole haben Sie ihm angehalten.«

Der Angeklagte: »Sie müssen mich recht verstehen. Ich bin ein gläubiger Mensch, ich verabscheue Gewalt.« Der Richter: »Warum drohen Sie dem Kassier dann mit dem Tod, wenn er sich nicht beeilt.« Der Angeklagte: »Ich war furchtbar nervös, der Alarm war schon ausgelöst. Und vor meinen Augen fallen 20-Schilling-Noten in Zeitlupentempo in die Tüte. Ich hab' geglaubt, ich überleb' das nicht.«

Flucht mit 49.000 Schilling. »Ich hab' extra geschaut, daß keine Kinder oder alte Menschen mit Krücken...« – »Ja, ja«, sagt der Richter. – »Man hat mich dann festgenommen. Die Polizei hat hervorragend gearbeitet.« – »Fein, fein«, sagt der Richter.

Der Staatsanwalt: »Er stellt sich für meinen Begriff zu sehr als Softie-Räuber dar.« Die Geschworenen fanden ihn trotzdem nett und urteilten so mild es ging.

31. 1. 1991

Ein Räuber »in spe«

Am 12. Mai wurde Herr Alfred beim Schilling-Einwerfen in einer Wiener Telefonzelle erwischt und verhaftet. »Na hallo!« sagte er: »Was wollen Sie von mir? Ich hab' doch überhaupt nichts gemacht.« – Aber das ist Ansichtssache.

Der Staatsanwalt beispielsweise behauptet, Herr Alfred war soeben im Begriff, eine Bank zu überfallen. Der Angeklagte relativiert: Er war wohl im Begriff, eine Bank zu überfallen, aber weder soeben, noch ernsthaft, noch wirklich. Aber das begreift hier offenbar keiner. Alle lassen sich von seinem Outfit in der Telefonzelle täuschen: Von der aufgesetzten Wollmütze mit Sehschlitzen, den übergestreiften Plastikhandschuhen und dem geladenen Gasrevolver.

Ja, er hatte früher schon einmal eine Bank überfallen. Das gibt er zu. Abstreiten wäre auch sinnlos – immerhin saß er deswegen acht Monate im Gefängnis. Danach waren die 400.000 Schilling Schulden noch immer vorhanden. In seinem Zimmer im Caritasheim träumte er »von einem Leben ohne Exekutor«.

Und irgendwann war es soweit. – »Da beschloß ich, Geld zu beschaffen.« »Wie?« fragt der Richter. – »Ich sag's offen und ehrlich.« »Bitte darum.« – »Mit einem Bankraub.« Also doch?

Wochenlang schlich Herr Alfred mehrmals täglich um die erwählte Bank-Austria-Filiale herum. »Ich bin 100mal vorbei- und 100mal weitergegangen«, gesteht er. »Immer mit Wollmütze und Gastpistole?« fragt der Richter. »Selbstverständlich«, sagt der Angeklagte.

Am 12. Mai hätte er beinahe hineingeschaut. Er meldete dem nahegelegenen Polizeiwachzimmer einen schweren Unfall, weit weg von der Bank. Dann machte er sich in der Telefonzelle ein bißchen frisch, wurde beobachtet und als »Räuber in spe« verhaftet.

»Was hatten Sie vor?« fragt der Richter. »Ich wollte meiner Mutter nachträglich zum Muttertag gratulieren.« – »Mit Gummihandschuhen?« fragt der Richter. Der Prozeß wird vertagt.

1. 8. 1997

Der Räuber, der seine Beute verschenkte

»Sie wissen, Sie sind nicht ganz bei Trost«, tröstet die Rechtsanwältin vor der Verhandlung ihren Mandanten: »Und deshalb werden Sie auch nicht eingesperrt, sondern nur eingewiesen.« Harald, ein langer, dünner, brav aussehender Bursch, nickt in vorauseilender Dankbarkeit.

Es geht um einen Bankraub. Das Leitmotiv für die Tat liefert der Psychiater: Der 27jährige Räuber ist schizophren.

Harald selbst erzählt den Geschworenen von seiner Freundin Monika, die mit ihren drei Kindern eine Nacht bei ihm lebte, ehe sein Freund Günter ihm die Familie mit billigen Angebereien einfach ausspannte.

Daraufhin entnahm Harald seinem Bettgestell einen Eisenstab, schnappte seinen Schäferhund zum Gassigehen, besorgte sich beim Löwa ein Bier, verließ das Geschäft, beugte sich zum Schäfer und sagte: »Weißt du, was wir jetzt machen? – Wir überfallen eine Bank.«

Im Kassaraum waren alle dabei – in der linken Hand die Bierflasche, der Schäfer bei Fuß, und in der rechten der Eisenstab, den Harald mit den Worten »Geld her, sonst kriegst eine« aufs Pult donnerte, »wobei eine Spendenkassa zerbrach«. Der Bankbeamte gab dem Räuber sicherheitshalber 213.000 Schilling.

Das viele Geld brachte Harald in Verlegenheit. Flucht lag ihm fern, also begann er die Scheine gleich vor der Bank zu verteilen.

Als die Passanten versorgt waren, stoppte er einen Autofahrer, fragte: »Brauchen S' ein Geld?« – »Wer nicht?« antwortete der Lenker geistesgegenwärtig. Und bekam durchs offene Seitenfenster ein Packerl Tausender gereicht. Die Geldschenkaktion wurde von der Polizei unsanft unterbrochen. Da hatte Harald nur noch 51.000 Schilling der Beute bei sich.

Mitten in der Verhandlung fällt dem 27jährigen das wahre Motiv für seinen Raub ein: »Ich wollte nach Göllersdorf (Haftanstalt) kommen. Dort war der Wallner Josef, der hat gesagt, er ist Jesus Christus.«

War aber ein Mißverständnis. Als Harald dem vermeintlichen Messias begegnete, reagierte dieser schroff: »Was willst denn von mir?« – Da wußte der Räuber: »Das kann nicht Jesus sein.«

17. 6. 1993

Ein stiller Zechpreller flüchtet ins Gefängnis

»Zuletzt wohnhaft praktisch nirgends, nicht wahr?« fragt der Richter. Der Angeklagte lächelt weltfremd. Er benützt die Freiheit nur noch als Fluchtweg zurück ins Gefängnis. 35 Jahre ist er alt. 33mal wurde er verurteilt. Seit 1978 war er insgesamt zwei Monate draußen. So lange hat er gebraucht, um wieder hineinzukommen, um sich in sein soziales Netz fallen zu lassen, aus dem ihn jeder wünscht, aber ihm keiner hilft. Auch nicht die freundlichen Leute hier im Gerichtssaal.

Seine lebensbestimmende strafbare Handlung ist die Zechprellerei. Sie kommt seinem Naturell entgegen. Rena Frühwirt – (sein Name wurde nicht geändert, vielleicht schreibt ihm jemand einen Brief ins Strafgefangenenhaus) – ist friedliebend. Er leistet niemals Widerstand, weder gegen die Staatsgewalt noch gegen sein Schicksal.

Am 10. Dezember 1991 wurde er aus der Strafanstalt St. Pölten entlassen. Er fuhr mit dem Zug nach Wien zu seiner Schwester, aber die war nicht daheim. Er setzte sich in ein Espresso beim Westbahnhof, aß einen Toast, bestellte zwei Krügel Bier, zwei Melange, ein Viertel Wein, ein Tonic, kaufte sechs Packerl Zigaretten, lud die Kellnerin auf vier Cola-Baccardi ein. »Macht 561 Schilling«, sagte diese zur Sperrstunde um zwei Uhr früh. Rena Frühwirt: »Tut mir leid, ich hab' nix.« Endlich kam die Polizei und nahm ihn mit.

»Wie war er?« fragt der Richter. »Ganz normal«, sagt die Kellnerin: »Es laden mich viel ärgere Leute ein.« Herr Frühwirt lächelt verschämt.

Der Richter: »Wollen Sie ins Gefängnis?« Der Angeklagte: »Nein, ich bin gern draußen.« Aber da ist nichts. Und niemand wartet. Der Verteidiger: »Ein Psychiater wäre gut für Sie.« Der Richter: »Sie lassen sich treiben. Von dieser Einstellung müssen Sie wegkommen.« – »Ja«, sagt der Angeklagte und lächelt. Zehn Monate Haft.

20. 2. 1992

Im Gefängnis fühle ich mich froh

»Wie geht es Ihnen mittlerweile?« fragt die Richterin den Angeklagten. Dieser bringt Tugenden mit, die sich ein Gericht von einem Räuber nur wünschen kann: die Reue, die Einsicht, die (nacheilende) Vernunft, das Sprachgefühl.

Gerald – ein Drogentäter oder -opfer, wie man will. Er war nach Abschluß der Kunsttischler-Lehre in den falschen Freundeskreis geraten. Und er war neugierig. Zuerst auf Haschisch, dann auf Kokain, dann auf Heroin. Die Neugierde wurde gestillt, leider bereits von der Sucht. »Alles ist mir über den Kopf gewachsen. Ich hab vor mir selbst den Stolz verloren.«

Und er hat Geld gebraucht. Also steuerte er mit dem Fahrrad eine Bank in Maria Enzersdorf an. »Nur Großgeld und kein Alarmpaket«, brummte er unter dem Vollvisierhelm. Die Spielzeugpistole hielt man für eine echte und gab ihm 212.000 Schilling. Als er vier Wochen später in Zürich verhaftet wurde, waren nur mehr 24.000 übrig, der Rest war bereits als Heroin in die Venen gedrückt.

Die Richterin fragt also: »Wie geht es Ihnen mittlerweile?« Gerald, der fast ein Jahr in U-Haft verbracht hat, sagt: »Mir geht es blendend. Das Gefängnis tut mir gut. Ich fühle, mich von Tag zu Tag froher.« Die Richterin nickt erfreut.

Ich brauche keine Medikamente mehr. Ich bin ein gesunder Mensch geworden. Ich esse viel Obst und Gemüse.« – »Das ist fein«, sagt der beisitzende Richter.

»Und arbeiten Sie?« fragt der Staatsanwalt. »Ja, in der Tischlerei. Und es macht mir sehr viel Spaß.« – »Schön«, erwidert die Richterin.

»Aber Sie werden das Gefängnis irgendwann wieder verlassen müssen«, sagt der beisitzende Richter besorgt.

Das Urteil: vier Jahre Haft. Ein bißchen darf Gerald noch bleiben.

13. 1. 1993

Freibad im Gefängnis

Herr Günther arbeitet im Polizeigefangenenhaus. Er ist dort teilzeitbeschäftigt. Wenn er Lust hat, läßt er sich betrunken beim Fahren ohne Führerschein erwischen. Dann behalten sie ihn ein paar Tage dort. (Ersatzfreiheitsstrafe.) Dann sieht er wieder all die alten, vetrauten Gesichter. »I steh' auf die Beamten dort, und die steh'n auf mi«, bekennt er stolz, »auch wenn's auf der andern Seite vom G'setz sind.«

Umso härter trifft den 16mal Vorbestraften die Anklage, er habe mit drei weiteren Insassen eine mittelgroße Überschwemmung veranstaltet und dem so geschätzten Bundesgebäude einen Schaden von 33.000 Schilling beschert. »Ehrlich Herr Rat, es woa ka Absicht, nur a Theater!« beteuert er.

Die vier Hausarbeiter hatten (übrigens nicht zum ersten Mal) den Duschraum in einen Swimming-Pool verwandelt. Sie verstopften die Abflüsse und verschlossen die Türöffnung mit einer Hartfaserplatte. Dann drehten sie die Hähne auf, bis der Raum gut einen halben Meter überflutet war. »Und dann ward's glücklich?« fragt der Richter. »Ja«, gesteht Herr Günther, »wir ham uns hing'legt und uns berieseln lassen.«

Ein Mithäftling reizte die Idylle leider zu sehr aus. »Der Blade hat 'glaubt, des is a Freibad!« schimpft Herr Günther: »Der hat si eineg'worfen mit seine hundert Kilo. Und plötzlich hat's an Schnalzer g'macht.« Das Brett war gebrochen. Der Inhalt des provisorischen Beckens ergoß sich über Stiegen und Gänge.

Zu allem Überfluß fiel das Ereignis mit der Antrittsvisite des neuen Hauptmanns zusammen. Der verständigte sofort die Kriminalpolizei. »Die Kripo hätt' ma net braucht«, meint Herr Günther: »Wir san ja kane Staatsfeinde, wir hätten des schon bereinigt!« – Der Prozeß wird zur Einvernahme von Zeugen auf unbestimmte Zeit vertagt.

4. 12. 1997

Immer ich, hundert Leut' ham denselben Schmäh

Mark riecht seine Opfer

Mark ist kriminell aus Überzeugung. Er hat eine lausbubenhafte Art, damit umzugehen. Auf die Frage, ob er die Bankomatkarte, die er stahl, auch benützte, sagt er: »Na sicher, dreimal, dann war sie weg.« Dabei lächelt er dem Staatsanwalt schelmisch zu. Der hat nichts gegen ihn. Der Richter ebenfalls nicht. Die nette Schriftführerin blickt manchmal auf und schmunzelt. Die Stimmung insgesamt ist gut. Alle wissen, was man darf und was nicht. Alle spüren ein bißchen den Reiz des Verbotenen. Die Gendarmeriestreife, die Marks Fluchtauto aufspürte, hört auf den Namen »Rum 2«. Da lacht er noch einmal. Dann wird er ernst, dann wird er verurteilt. Zwei Jahre Haft.

Mark, ein 24jähriger dunkelhäutiger Austro-Italo-Amerikaner, der nicht recht weiß, wo er hingehört und immer wieder im Gefängnis landet, sagt ja selbst: »Ich bin ein Betrüger. Und ich rieche förmlich die Leute, die auf mich reinfallen.« (Dabei sieht er seinen Anwalt so verdächtig an.) – »Ich rate Ihnen«, meint der Richter, »stopfen Sie sich ordentlich die Nase zu, wenn Sie wieder in Freiheit sind!«

Die herausgelockten Gegenstände aus Marks (vorerst) letzter Serie waren aus dem Leben gegriffen: Dem Herrn Hirsch einen Mazda. Der Silvia 10.000 Schilling. Dem Taxler ein Taxi. Der Karin Schmuck, Elektrogeräte, Ziehharmonika, Parfüm, Pulli, Kellnermascherl. – Nein. »Zum Mascherl bekennen wir uns nicht«, sagt sein Anwalt. »Darüber werden wir nicht streiten«, erwidert der Richter.

Bemerkenswert: der Tatzeitraum. Mark befand sich auf der Flucht aus der St. Pöltner Strafanstalt. »Ich bin nicht geflüchtet«, korrigiert er, »ich bin vom Freigang nicht mehr zurückgekommen.« – »Können Sie mir den feinen Unterschied erklären?« bittet der Richter. Aber das ist dem Angeklagten zu mühsam.

»Eines muß ich Ihnen schon sagen«, jetzt wird der Richter streng: »Es ist eine exorbitante Frechheit, aus der Haft heraus dasselbe zu machen, weswegen man drinnen sitzt.« Mark lächelt verlegen. Er macht eben, was er kann. Wenn er kann.

»Außerdem sind Sie ein Kameradschaftsschwein.« Das sitzt. »Wie kommen die anderen dazu, denen wegen Ihnen der Freigang gestrichen wird, die, die ihn wirklich brauchen, die ihren Job nicht verlieren wollen?« Da weiß Mark nichts dazu. Bei normalen Jobs kennt er sich nicht aus.

10. 1. 1997

Ein Leben für das Strafregister

»Kommen S' ruhig näher, und setzen Sie sich«, sagt die Richterin. »Sitzen derf ma, is des neu?« fragt Herr Hans. Er war heuer noch nicht hier. »Wir zwei sind alte Bekannte«, verrät die Richterin, »aber die Schöffen kennen Sie noch nicht.« Geboren 1947. »Wie alt sind Sie daher?« – »47 ungefähr.« Aufgewachsen in Klagenfurt, Glaserlehre. »Und wann ham S' das letzte Mal a Scheiben eing'schlagen?« fragt die Richterin. Herr Hans lächelt über die gelungene Pointe.

»Ham S' ein Vermögen?« – »Ja, wenn i an Sechser mach'«, antwortet der Unterstandslose. »Schulden?« – »Eineinhalb Millionen.« »Wollen S' mich frozzeln?« – »Was soll ich tun? Die Banken!«

»Ham S' gerichtliche Vorstrafen?« – Herr Hans schmunzelt. 32 sind es. »Ham S' amal zamzählt, Sie 47jähriger Mensch, wie viele Jahr' Sie im Häfn g'sessen sind?« – Hat er nicht. Zwölf Jahre, weiß die Richterin. »Zwölf kommt ma so wenig vor«, meint der Angeklagte.

Mit 18 Jahren startete er seine Einbruchsdiebstahlserie. Dazwischen brachte er ein paar Körperverletzungen (»Watschen«)

unter, ein Raub war dabei – und einmal die legendäre »Vagabundage«. »Das war ein brutaler Paragraph«, erinnert sich Herr Hans, »aber auch heute gibt's noch viele Paragraphen, die weggehören.« Von einem Strafverteidiger hält er prinzipiell nichts. »Den kann sich der Richter aufselchen«, empfahl er jüngst, bei einer Voruntersuchung.

Im September 1993 ging er zum bisher letzten Mal frei. »Was ham S' g'macht?« fragt die Richterin. »Urlaub«, sagt Herr Hans: »Neapel, Rom, Palermo.« »Mit welchem Geld?« – »I hab' a Freundin g'habt, die hat mi g'sponsert.«

Ab März war er Bettler in Wien. »Davon kann man leben?« fragt die Richterin. »Es geht«, sagt Herr Hans. Man könne mit einem Nettoverdienst von 700 Schilling am Tag rechnen.

Am Nestroyplatz erblickte Herr Hans ein City-Bike und wollte es haben. Leider war es versperrt. Zum Glück hatte er einen Bolzenschneider bei sich. »Gestohlen?« – »Nein, gekauft«, entrüstet er sich: »220 Schilling.« »Wozu kaufen Sie sich als Unterstandsloser einen Bolzenschneider?« fragt die Richterin. – »Vielleicht wollt' ich mir die Haar' schneiden.«

Die Richterin hält das voluminöse Gerät siegessicher in die Luft: »Na, das ist schon ganz brauchbar.« – »Geh«, sagt Herr Hans abfällig, »mit dem kannst da net amal an Zechennagel schneiden!«

Beim Versuch, das Radschloß zu knacken, wurde er erwischt. »Was machen Sie da?« hieß es. »I mach' mei Radl auf, i hab' leider den Schlüssel vergessen«, erwiderte er. Aber damit kam er nicht durch.

Urteil: zehn Monate Haft. Herr Hans ist einverstanden.

15. 7. 1994

Einige kleine Gaben aus Opferstöcken

»Immer ich«, klagt der Angeklagte, »hundert Leut' ham denselben Schmäh.« Aber, »eh kloar«, der Franz soll's schon wieder gewesen sein. Gewerbsmäßiger Diebstahl. In der Kirche. Opferstöcke.

Der Verteidiger wittert ein Ausländerproblem. »Das sind die tschechoslowakischen Glaubensbrüder, die eilen von Maria zu Maria und freuen sich über jeden Schilling.«

Aber die Anklage bleibt bei Franz. Zeugen wollen gesehen haben, wie er Geldscheine mit Leimruten aus den Opferstöcken zog: Zu St. Augustin in Perchtoldsdorf, im Kloster Maria Lanzendorf, zu St. Stephan in Baden, in der Franziskanerkirche und zu St. Gabriel in Maria Enzersdorf. Einige seiner 14 Vorstrafen verdankt er ebendiesem Delikt.

»Eh kloar, daß i des wieder g'wesen sein soll«, sagt er. »Was treiben Sie sich auch immer in Kirchen herum?« fragt der Richter. »Er ist gläubig«, wirft der Verteidiger ein. »I bet' für meine Kinder, die san beide drogensüchtig«, sagt Franz.

In Langenlois wurde der Pfarrer auf den Gläubigen beim Opferstock aufmerksam. »Was messen Sie hier?« fragte der Geistliche. »Goa nix«, sagte Franz und zog einen Rosenkranz aus dem Hosensack.

»Können Sie überhaupt Rosenkranz beten, oder war der auch gestohlen?« fragt der Richter. »Hören S', i bin römisch-katholisch«, erwidert Franz. »Aber aus der Übung«, meint der Richter.

Franz – ihm werden übrigens auch exhibitionistische Tätigkeiten in und vor Gebetshäusern zur Last gelegt – ist von der Kirche in zweierlei Hinsicht enttäuscht. »Mehr als ein paar Zwanzger san eh net drin«, kritisiert er die Opferstöcke. Und selbst das sei man ihm noch neidig: »Der Kirche geht's anscheinend auch nur ums Geld.« Der Prozeß wurde vertagt.

23. 11. 1993

Der Holz-Jesu-Dieb

Herr Erwin ist 55. Die Friedhofstage werden immer kürzer, die Haftstrafen immer länger. Aber er kann nicht mehr umdenken. »Das einzige Geschäft, wo Sie sich auskennen?« fragt der Richter. Herr Erwin nickt.

Er montiert auf Grabstätten Christusstatuen ab und verkauft sie an Antiquitätenhändler. Häufen sich die Anzeigen, weiß man bei der Polizei: »Jössas, er is wieder frei.« Dann nimmt man ihn fest – und sperrt ihn ein. Diesmal: Sieben Jahre Haft wegen 30 Holz-Christi und einer Madonna. »Warum die Mutter Gottes?« fragt der Richter ein klein wenig irritiert. »Die is einfach da g'standen«, sagt Herr Erwin. »Ah so« sagt der Richter.

Warum er es macht? – »Net wegen dem Geld, Herr Rat, es is mir eine tiefe Befriedigung«, sagt Herr Erwin. Deswegen war er schon in psychiatrischer Behandlung. »Die Ärzte glauben, ich hab' einen Haß auf Christus.« – Könne er nicht nachvollziehen. Sicher, die Oma habe ihn als Kind immer im »Herrgottswinkel« knien lassen. Dennoch fühle er sich tief religiös. »Des is ja das Verwerfliche«, klagt er: »In der Früh geh' ich in die Kirchen beten, danach auf den Friedhof.« Stehlen.

Das Zwanghafte nimmt stetig zu. In Stein habe er von der Zelle aus »direkt in den Friedhof einig'sehn« – doch niemals lustvoll an einen Holz-Jesus gedacht. Kaum ist er frei, treibt es ihn mit Sägeblatt und Reisetasche auf die Friedhöfe. »Und wenn ich einmal dort bin, is es aus mit mir.«

Früher hat er sich mit einer Statue zufriedengegeben. »Jetzt brauch' ich schon täglich zwei, drei.« Er schwört dabei auf Christus aus Holz, obwohl die Händler »ganz gierig auf an Metallchristus« wären. Aber Herr Erwin hat seinen Stolz. Aus all dem schließt der Richter: »In sieben Jahren haben wir dasselbe Problem wieder, wenn Sie noch rüstig sind.« Herr Erwin nickt.

27. 1. 1994

Entführung eines falschen Pferdes

»Wie steht's mit dem Pferd?« fragt der Richter. Es ist sozusagen das Herzstück der Anklage. Die zwölf anderen Delikte, die Christian (23) und Marianne (28) zur Last gelegt werden, hängen mehr oder weniger mit dem Hengst Cäsar zusammen. Dazu zählen Drohungen wie: »Wir machen dich fertig, Pferdedieb!« Oder: »Wir schießen dir einen Tunnel in den Bauch.« Oder: »Geh nur mehr unterirdisch!«

Irgendwann hat Christian Cäsar ersteigert. Nach vier Jahren verlor er die Koppel. Wohin also mit dem Hengst? Weder war er stubenrein, noch hätte er anders als liegend in eine Wohnung gepaßt – so wiederum wäre er nicht durch die Tür gekommen. Kein Problem: Christian war ohnehin obdachlos. (Zu dieser Zeit schlief er gratis in Hotels, auch das wirft ihm die Anklage vor.)

Marianne liebte Cäsar nicht, brachte ihn über Edith Klinger zu einem Tierarzt – und weg war er. Der Arzt sagt, Marianne habe das Tier verkauft. Marianne sagt, sie habe ihm das Pferd unentgeltlich hingestellt. Christian sagt, man habe Cäsar gestohlen.

»So mußten wir ihn zurückfladern«, erklärt Christian. In der Nacht suchten die beiden den Stall des vermeintlich neuen Besitzers im Waldviertel auf, holten Cäsar ab und zogen ihn die Bundesstraße entlang Richtung Wien. Nach kurzer Zeit hielt eine Polizeistreife.

Der Richter bleibt beim Pferdestall: »Daß sich Cäsar verändert hat, ist Ihnen nicht aufgefallen?« – »Oja, dicker ist er geworden«, erinnert sich Christian. »Und eine andere Farbe hat er gehabt«, hilft der Richter. »Schon«, meint Christian, »aber da gibt's ja so Haarfärbemittel.«

»Woran haben Sie Cäsar erkannt?« fragt der Richter. – »An den Geräuschen.« »Was hat er für Geräusche gemacht?« – »Er hat gewiehert.« »Das ist weit verbreitet unter Pferden«, sagt der Richter. – »Er hat mich begrüßt.« »Begrüßt?« – »Ja, er hat sich gefreut.« »Wie ist das, wenn sich ein Pferd freut?« – »Es stellt die Ohren auf.« »Das machen Pferde«, bestätigt der Richter. – »Und sein ganzer Blick war total auf mich gerichtet.« »Während die anderen Pferde desinteressiert zu Boden gestarrt haben«, ergänzt der Richter. – »Genau«, sagt Christian.

»Es war aber nicht Cäsar«, sagt der Richter. – »Komisch«, meint Christian.

20. 11. 1993

Ein Freispruch – und die wilde Wanda weint

Wanda braucht ein Taschentuch. Das ist neu. »Schauen Sie, ich bin 47«, sagt sie zum Richter. Vor drei Jahren hat sie »Schauen Sie, ich bin 44« gesagt, aber anders. Damals wurde sie zum 20. Mal verurteilt und blieb trotzig. Gestern wurde sie freigesprochen. Das ist ihr in ihrer kriminellen Laufbahn erst zweimal passiert.

Wanda – die mit Abstand stärkste Frau der Wiener Unterwelt. Besondere Kennzeichen: Läßt sich nichts gefallen. Verpaßt Denkzettel. Stellt sich. Wehrt sich. Kennt Hemmschwellen nicht, die Halbkriminelle erst mühsam überwinden müssen. Hat Kraft. Hat ein Messer. Steht zu allem, was sie tut.

»Aber diesmal bin ich unschuldig«, beteuert Wanda. »Sie würde es nicht sagen, wenn sie es nicht wäre«, meint ihr Anwalt.

Es war vor Weihnachten. Sie kam gerade aus dem Gefängnis, brauchte Geld, versuchte Schmuck zu verkaufen und lernte Franz kennen. Der lud sie zu sich in die Wohnung ein und machte, so Wanda, »eindeutige Angebote in Richtung Beischlaf, des war mir nimmer egal.« – »Na so zart besaitet sind Sie ja nicht«, beruhigt der Richter. »Hören S', ich bin seit meinem 14. Lebensjahr lesbisch. Ich will des net.« Franz habe ihr gedroht, sie zu vergewaltigen. »Da hab' i an Lachkrampf kriegt«, sagt Wanda.

Plötzlich sei ihr schlecht geworden. »Es war wie a Riesenfaust im Herz.« Sie sei umgekippt und erst nach Stunden wieder aufgewacht. »Der Mistkerl hat mir was ins Getränk gegeben«, behauptet Wanda.

Zeuge Franz führt ihre Ohnmacht auf die Kombination von Alkohol und Haschisch zurück. Zwei Tage später sei Wanda wieder gekommen – mit einem Drei-Mann-Rollkommando. Die hätten ihn niedergeschlagen und ausgeraubt.

Diese Version kränkt Wanda. Zur U-Richterin hat sie jüngst gesagt: »Nehmen Sie mir die Handschellen ab, und ich zeige Ihnen, daß ich keine drei Männer brauche, um den da zu verprügeln.«

Zeuge Franz verwickelt sich in Widersprüche. Der Anwalt tippt auf fingierten Raub. Die Staatsanwältin ist sich der Anklage nicht mehr so sicher. Also macht das Gericht die wilde Wanda glücklich.

4. 3. 1994

Aber tun Sie was gegen Ihren Drang

Demonstration am lebenden Objekt

Zeugin Michaela erscheint nicht. »Sie ist irgendwo reiten«, sagt der Opa. »Geh, bei der Haltestelle hab' ich sie g'sehn, voll zu«, behauptet die Schwiegermutter. »Für mich ist sie so gut wie tot«, sagt der Vater. Aber der Richter braucht sie unbedingt – und vertagt.

Im Februar 1993 hat Michaela vor dem Schöffengericht schon einmal ausgesagt. Damals war sie 19 und hatte – so durfte man hoffen – alles hinter sich. »Sowas von geständig, sowas hab' ich überhaupt noch nicht erlebt«, erinnert sich der Richter. (»Geständig« können neben Tätern nämlich auch Sexualopfer sein.)

Als Michaela acht war, habe der Opa begonnen, sie aufzuklären. »Erst mit Pornoheften, dann mit Erzählungen und dann durch Demonstration am lebenden Objekt«, faßt der Richter zusammen. »Alles gelogen«, sagt der 75jährige Angeklagte, ein pensionierter Kriminalbeamter mit ausgezeichneter Dienstbeschreibung.

Als Michaela zwölf war, habe sie der Opa entjungfert. »Das gibt's nicht«, sagt die Schwiegermutter, »mit elf hat sie ja schon einen Zuhälter gehabt.«

Als Michaela 13 war, sei sie ins Suchtgiftmilieu abgeglitten. Sie kam über Rohypnol zu Kokain und Heroin. Um sich die Drogen zu finanzieren, sei sie freiwillig weiter zu Großvater gegangen – fünf Jahre lang, zwei- bis dreimal wöchentlich. Je nach der Art ihrer sexuellen Dienste habe er 300, 500 oder 1.000 Schilling bezahlt. »Sie lügt«, sagt der Opa.

Als Michaela 18 war, so erinnert sich der Vater, habe sie ihm gestanden: »Opa hat mich jahrelang vergewaltigt. Ich zeig' ihn an.« Darauf der Vater: »Bist deppert, oder was?« Michaelas Vater verehrt Opa. Daß dieser mit der Frau des eigenen Sohnes (mit Michaelas Mutter) ein Verhältnis hatte, stört ihn nicht. So gut sei die Ehe nicht gewesen. »Und was geschehen ist, ist geschehen.« Über Michaela sagt der Vater: »Meine Tochter hat von klein auf gelogen.«

Als Michaela 19 war, erstattete sie Anzeige. Vor Gericht strahlte sie Optimismus und Willenskraft aus, die sexuelle Vergangenheit zu bewältigen und die Drogenkarriere zu beenden.

Sascha, ihr Freund, späterer Ehemann und nunmehriger Ex-Ehemann, war ihr damals die notwendige Stütze. Inzwischen wurde er wegen Körperverletzung verurteilt. – Verletzt wurde Michaela. Schon wieder. Der Richter sucht sie.

21. 7. 1994

Eine Grapsch-Affäre unter Wasser

»Also Sie fahren mit dem Rad«, sagt der Richter zu Gerald. Der nickt. »Plötzlich sehen Sie eine Frau in der Neuen Donau schwimmen.« Gerald widerspricht nicht. »Da überkommt es Sie?« fragt der Richter, damit es weniger selbstverständlich klingt. – Wie man »Ja« sagt, wenn man nichts lieber als »Nein« sagen würde, sagt Gerald: »Ja« – und schämt sich wenigstens.

Er ist hineingesprungen und hastig hingeschwommen. Es war August und heiß, er hatte die Badehose an, seine Freundin war auf Urlaub. Gabriele (31) in der Donau erinnert sich an einen »kurzen Blickkontakt« mit dem 21jährigen. »Dann war er weg.« Dann war er unter ihr. Sie spürte seine Hand zwischen ihren Beinen. Sie schrie. Er schwamm ans Ufer.

»Haben Sie sich nicht schon öfter gefragt, ob bei Ihnen alles in Ordnung ist?« fragt der Richter. Gerald hat. Erstmals mit 14, da ging er zum Psychiater. Das war unbefriedigend. »Der hat gemeint, ich hab' einen Frauenhaß.« – »Ich würde sagen, eher das Gegenteil«, erwidert der Richter.

Drei Wochen vorher hat Gerald einer Passantin spontan auf die Brust gegriffen – und nicht minder spontan eine Watschen gefangen. »Was wird Sie abhalten, es wieder zu tun?« fragt der Richter. »Solche Tage, wie heute«, sagt der 21jährige.

Für das Gericht ist der Fall besonders interessant – juristisch, nicht voyeuristisch. Es geht darum, wie Gabriele angegriffen wurde. »Mit Gewalt?« fragt der Richter. »Was ist Gewalt?« fragt die Zeugin. Sie war damals im sechsten Monat schwanger. Noch heute zittert ihre Stimme, wenn sie über den Vorfall spricht.

Der Staatsanwalt sieht »drei Möglichkeiten, wie man das Verfahren beenden kann«. Variante eins (die Anklage): Gerald hat die Schwimmerin »zur Duldung einer geschlechtlichen Handlung genötigt«. Er hat sie nach unten gezerrt und wehrlos gemacht, um sie zu berühren. Variante zwei: Er hat versucht, sie sexuell zu nötigen. Als sie schrie, brach er sein Unterfangen ab. Variante drei (das Urteil): »Wir haben es mit einem klassischen Grapscher zu tun«, meint der Richter. Grapschen ist nicht strafbar. Also Freispruch im Zweifel.

»Aber tun Sie was gegen Ihren Drang!« rät der Richter: »Gehen Sie zu einem Psychotherapeuten oder von mir aus in ein Freudenhaus.«

11. 1. 1994

Vater gegen Trainer

Im Saal vier sind ein Arbeiter und seine Mutter angeklagt, die Frau des Arbeiters unter Freunden prostitutionsmäßig herumgereicht zu haben – und dafür Brot, Mehl, und Suppennudeln kassiert zu haben.

Der Arbeiter, die Mutter und einer der Hausfreunde nehmen nach dem »Freispruch im Zweifel« im Buffet einige Krügeln Bier zu sich und erkennen eine prominente Persönlichkeit. »Grüß Sie, Herr Sinowatz«, ruft der Hausfreund: »Wie geht's Ihnen immer?« – Der Ex-Kanzler wendet sich beschämt ab, der Noricum-Prozeß geht weiter.

Im Saal zwei herrscht gute Laune. Es geht um »menschlich verständliche Erregungen«, sagt der Richter. Ein Bademeister ist stolzer Vater einer 15jährigen Nicole. Die hat einen Rollschuhtrainer, der den Ruf genießt, ein krisengeschüttelt verheirateter Förderer von begabten 15jährigen Töchtern zu sein. Nicole mußte besonders intensiv trainieren. Das ertrug der Vater nicht.

Als er im Rückspiegel Nicole beim Trainer im Sportwagen sitzen sah, gab es nur noch eines: den Rückwärtsgang. Mit 40 Stundenkilometer streifte er das Auto, welches fliehen wollte, gerammt werden mußte, noch immer nicht stehen blieb – und folglich ein drittes Mal touchiert wurde.

»Wie ist das zu verstehen?« fragt der über eine Skizze gebeugte Gutachter. »Ich wollte meine Tochter von dem Wüstling befreien«, sagt der noch immer zornige Bademeister. – »Ihre Tochter geht mich als Techniker nichts an«, erwidert der Sachverständige.

»Er hat immerhin auch sein eigenes Auto ruiniert«, bemerkt der Richter und beläßt es bei einer bedingten Geldstrafe wegen Sachbeschädigung. »Übrigens«, schäumt der Bademeister, »heute ist der Trainer mit einer 14jährigen nach Italien gefahren.«

29. 5. 1993

Für mehr Sittlichkeit

Leider Ausschluß der Öffentlichkeit. Das heißt: Wir würden gerne darüber berichten, aber wir können nicht, weil wir nicht wissen worüber, weil wir nicht dabeisein durften.

Ausschluß der Öffentlichkeit gibt es zumeist wegen sogenannter »sittlicher Gefährdung«. Das heißt: Die Zuhörer sind sittlich gefährdet, wenn sie Näheres von einer Vergewaltigung erfahren.

Bei Stefan gab es gestern Ausschluß der Öffentlichkeit. Vorher, am Gang, hat ihn ein Fernsehteam etwa eine halbe Stunde lang gefilmt. – Das war erlaubt, das gefährdet noch keine Sittlichkeit. Dann, im Saal, stellte ihm der Richter ein paar Fragen. Das war seltsam: Stefan wußte weder, wann er geboren wurde, noch wie seine Eltern mit Vornamen hießen. Er wußte nur, daß er bisher fünfmal verurteilt wurde: Ein Raubmord. Ein Bankraub. Ein paar Körperverletzungen. Jetzt heißt es: Zwei Vergewaltigungen und ein Raub. Eine Kellnerin im WC abgefangen. Eine Prostituierte ins Zimmer gesperrt. Einige Schmuckstücke entwendet.

Der Verteidiger sagt: Stefan kann sich nicht mehr genau erinnern. Stefan selbst? Wissen wir nicht. – Ausschluß der Öffentlichkeit. Wegen der Sittlichkeit. Später erfahren wir: Kein Urteil. Der Prozeß wurde vertagt.

Ein anderer Fall. Ein prominenter Verleger soll dem Liebhaber seiner Frau gefährlich gedroht haben. In der Reihenfolge: Ich werde Sie vernichten! Ich werde Sie auslöschen! Ich werde Sie umbringen! Ich werde Sie erschießen! – Er kann sich mit keiner Fomulierung anfreunden. Er bekennt sich »nicht schuldig«.

Dann: Ausschluß der Öffentlichkeit. Diesmal wegen »überwiegenden schutzwürdigen Interessen«. Das heißt: Der Verleger ist so prominent, daß es ihm schaden könnte, wenn die Öffentlichkeit erfährt, was ihm die Anklage vorwirft. – Im übrigen wurde er freigesprochen.

11. 3. 1998

Der gehemmte Arzt und das Fotomodell

Ein Psychiater suchte Kontakt und fand ein Fotomodell fürs Leben. Sie vergrößerte ihre Brust, erweiterte seinen Kreditrahmen und vervielfachte seine Schulden. Beim Stand von minus dreieinhalb Millionen nach dreieinhalb Jahren betrachtete er die versprochene Lebensgemeinschaft als am Nichtzustandekommen gescheitert. Gabriele steht wegen gewerbsmäßigen Betrugs vor Gericht.

»Er wollte nicht, daß ich arbeite«, sagt sie. Zum Glück fielen ihr genügend Freizeitbeschäftigungen ein. Ausgenommen habe sie den Doktor nicht. »Er hat mir nur kleinere Geschenke gemacht und 5.000 bis 8.000 Schilling im Monat überlassen.«

Teuer war dann erst die Brust-Operation. Ein Schweizer Chirurg wurde eingeflogen, der Aufenthalt im Privatsanatorium war auch nicht gerade billig, und dann ging es noch einmal unter die Laserstrahlen. »Ich hab' mich nicht darum gerissen«, beteuert Gabriele. Den Umstand, daß die Beziehung wohl den finanziellen, nie aber den platonischen Rahmen sprengte, führt Gabriele auf »eine Art Ödipuskornplex« des Psychiaters zurück: »Dabei haben wir es sogar mit Yoga-Übungen probiert.«

Der Arzt gibt zu, »sehr gehemmt« zu sein. Auch beim Geld: Er sei von Anfang an nicht zu Ausgaben bereit gewesen. Aber was sollte er tun? Das Modell habe einfach nichts bezahlt und ihn ständig zu neuen Kreditaufnahmen gedrängt.

»Ich bin ein sehr gutgläubiger Mensch vom Typus her«, sagt der Arzt. »Und sie hatte eine Art, der ich nicht widerstehen konnte. Es war wie Gehirnwäsche.«

Der Richter kann, bevor er den Prozeß vertagt, bei allem Mitgefühl eines nicht verstehen: »Warum haben Sie sich nicht psychiatrisch behandeln lassen?« – Davor habe er sich gescheut, sagt der Psychiater.

2. 12. 1993

Weiberg'schichten eines Buchhalters in Pension

»Ja diese Weiberg'schichten!« seufzt die Richterin. Der angeklagte Filou nennt sich Pauli, ist 65 Jahre alt und wirkt – vielleicht ist es nur Tagesverfassung – ein bißchen angeschlagen. Der Charme des Weinviertler Bilanzbuchhalters im Ruhestand ist mit freiem Auge nicht erkennbar. Hörbar schon gar nicht: Er spricht ungern offen über Sex.

Kontaktinserentinnen in Stockerau und Umgebung waren jedenfalls verwirrt. Die nette Witwe Edith (65) sogar nachhaltig. Sie vertraute Pauli in vier Jahren 250.000 Schilling an. Betrug: sechs Monate bedingt.

Pauli war nicht unverheiratet. Mit Frau Hermine brachte er es auf zwölf Kinder. Ruhe fand er (1987) bei zwei geografisch getrennten Frauen namens Maria und einer dritten, Emilie – als Witwe Edith per Anzeige in sein Leben trat. »Net a bisserl viel auf einmal?« fragt die Richterin. »Jung waren S' schon damals nimma.«

Pauli sagt es ungern: Aber sie wollte nur das eine, und sie zahlte gut. »Hat es irgend etwas außer Sex gegeben?« – Schweigen. »Also ausschließlich das Bett?« – Schweigen. »Bett und Auto natürlich, ich erwähne das nicht grundlos.« – Schweigen. »Von Liebe woll' ma gar nicht reden.« – Schweigen. »Es war sozusagen ihr Nebenerwerb.« – Schweigen. »Tun S' net so g'schamig!« – Schweigen. »Es gibt ganze Berufszweige, die Sex für Geld bieten.«

Witwe Edith klärt auf: Sie habe Pauli vertraut und auf eine Lebensgemeinschaft gesetzt. Von seinen Kindern erfuhr sie schubweise. »Zuerst hat er nur drei zugegeben. Das wär' sich aber mit den Enkerln net aus'gangen. Dann waren's vier, dann fünf und so weiter, bis zwölf.« Glühende Liebesbriefe bestärkten sie in ihrem Glauben, er werde sich scheiden lassen und zu ihr ziehen.

Geld hat er ihr immer wieder unter dem Vorwand herausgelockt, Grundstücke günstig zu erwerben. »Also war das nicht für den Sex?« fragt die Richterin enttäuscht. »Dazu möcht' ich sagen, daß er fast impotent war. Sowas brauch i net finanzieren«, erwidert die Witwe. »So schlecht kann er net g'wesen sein«, meint die Richterin, »immerhin hat er zwölf Kinder gezeugt.« Witwe Edith: »Wahrscheinlich hat er sich dabei verausgabt.«

31. 1. 1996

Bürgerlich angeheitert,
so zwei Liter Wein

Zwei Herren, eine Dame und Wein

Herr Rack hat Herrn Zesch Wein geschickt. Das ist weder die ganze Wahrheit, noch ist eine solche bekannt. Es geht um Urkundenfälschung, für die Herr Rack mit bis zu einem Jahr Haft bestraft werden könnte.

Er hat also Herrn Zesch Wein geschickt. Wein, zum Preis von 37.000 Schilling. Wein, anläßlich einer Weinmesse. »Warum Wein?« fragt der Richter den Beschuldigten. »Weil er es wollte.« Klingt logisch. »Stimmt aber nicht!« protestiert Herr Zesch. Er habe den Wein nicht gewollt, nur bekommen.

Umgekehrt verhielt es sich mit Frau Halm. Daß sie mit Herrn Zesch liiert war, behauptet nur Herr Zesch. Frau Halm stellt es indirekt proportional dar. »Mit ihm? – Niemals!« Vielmehr stehe sie unmittelbar vor der Heirat mit Herrn Rack, sagt Herr Rack, bestätigt Frau Halm. Und Herr Zesch muß tapfer nicken.

Herr Rack hat Herrn Zesch Wein geschickt, und Frau Halm war dabei. Mehr noch: »Herr Zesch hat mich gebeten«, sagt sie. »In welcher Funktion?« fragt der Richter. »Als seine Sekretärin«, sagt Frau Halm. »Sie war nicht meine Sekretärin«, behauptet Herr Zesch. Ob er sie trotzdem beauftragt hat? »Niemals«, sagt Herr Zesch – und hat ein wirklich gutes Argument: »Ich trinke seit zwölf Jahren keinen Tropfen. Ich war schwerer Alkoholiker.«

Herr Rack hat ein schlechtes Argument, das er natürlich nicht von selber nennt: zehn Vorstrafen. »Ein Gauner«, sagen viele, die ihn kennen. Wenige lachen dabei.

Herr Rack hat Herrn Zesch Wein geschickt – und hat mit dem Namen »Zesch« unterschrieben. Das war blöd. »Ich hätte auch mit ›Rack‹ unterschreiben können«, gibt er zu. »Warum haben Sie's dann nicht getan?« fragt der Richter und vertagt schließlich mit den Worten: »Da ist ja alles Mögliche möglich.«

30. 3. 1993

Drohung eines bürgerlich Heiteren

Am Dienstag wurde in einem kleinen Wiener Gerichtssaal der seltene Paragraph 275 StGB, Landzwang, verhandelt. Ein 44jähriger Kärntner soll »einen großen Personenkreis durch Drohung in Furcht und Unruhe versetzt« haben.

»Sie sind ohne Beschäftigung?« fragt der Richter. – »MA 43«, erwidert Herr Wilfried eher bestätigend. »Was ist das? Ich kenne nicht alle MA an der Zahl«, sagt der Richter. – »Friedhofsverwaltung«, entgegnet der Angeklagte, »dort sind die ruhigsten Menschen.«

»Vorstrafen?« fragt der Richter. – »Genug«, sagt Herr Wilfried. »17 Stück«, präzisiert der Richter. – »17 zuviel«, so der Angeklagte.

Diesmal legt ihm der Staatsanwalt einen Drohanruf zur Last. Herr Wilfried war »seelisch frustriert«. Die Polizei hatte ihm soeben seine legendäre Tränengaspistole weggenommen, mit der er bei einer Opernballdemonstration »durch fünf Absperrungen durchmarschiert« war.

»Ich mußte mich abreagieren, also hab' ich eine kurze Nummer gewählt.« – 144, den Notruf der Rettung. »Unabsichtlich«, beteuert der Angeklagte. Die Botschaft: »Um 13.15 Uhr wird in einer U-Bahn-Station eine Bombe losgehen!« »Nicht sehr lustig«, sagt der Richter, »woanders gibt es Tote.« – »Das hab' ich mir nicht gewünscht«, meint Herr Wilfried.

Als schon erste Alarmvorbereitungen getroffen wurden, rief Herr Wilfried noch einmal an und wurde mittels Fangschaltung überführt. »Waren S' betrunken?« fragt der Anwalt. – »Bürgerlich angeheitert, so zwei Liter Wein.« – »Das ist schon gutbürgerlich«, meint der Staatsanwalt.

Die Schöffen entscheiden: Zehn Monate bedingt. »Fürs Urteil vielen Dank«, sagt Herr Wilfried, »ich glaube, es ist angemessen.«

28. 4. 1993

Franz Hasil vergaß sich in einem Taxi

Schon wieder ein prominenter Fußballer im Wiener Landesgericht. Nach Ernst Ogris (im Wirtshaus in eine Faust gelaufen) und Samuel Ipoua (daheim mit der Tür an einem Polizistenfuß hängengeblieben) nun ein etwas reiferer Herr, eine sogenannte echte »Legende«: Franz Hasil. Er hat einen Taxifahrer an den Haaren gezogen. Das tut man zwar nicht. Aber er wird freigesprochen.

Der Taxler ist Inder und kann nicht gut deutsch. Deswegen hat der Prozeß schon einmal vertagt werden müssen. Nun sitzt eine Dolmetscherin da. Sie ist Inderin und kann nicht gut deutsch. Die zwei verstehen einander blendend indisch. Sie lacht. Er lacht. Das Gericht würde gern mitlachen. Man einigt sich, daß der Taxler deutsch spricht. – Er kann es doch ein bißchen besser als sie. (Er übersetzt dann ins Indische, damit sie auch etwas versteht.)

Am 23. 11. '97 um fünf Uhr früh am Schwarzenbergplatz war Franz Hasil »vollfett«, als er irgendwie in das Innere eines Taxis gelangte. Er trinkt sonst nichts, deshalb kannte er die Wirkung nicht. »Wieviel war's?« fragt der Richter. »Genug«, sagt Hasil, als wäre er heute immer noch verkatert.

Nach wenigen Metern hielt der Taxler und wollte wissen, wo er Hasil eigentlich hinfahren solle. Der brachte den Gassennamen nicht heraus. (Die Dolmetscherin nickt mitleidig.) Dennoch wollte er nach Hause gebracht werden. Der Taxler weigerte sich standhaft: Ohne Adresse keine Fahrt. Daraus entwickelte sich bei laufendem Taxameter ein zehnminütiger Streit. Er kostete 83 Schilling. Hasil zahlte nicht. Vielmehr wurde er zornig. Er zog den Inder an den Haaren, schimpfte ihn ausländerfeindlich und spuckte wie am Spielfeld. Auch eine Kopfnuß war angeblich dabei. Die tat dem Taxifahrer »eine Viertelstunde« weh.

»Net bös sein«, sagt der strahlende Hasil nach dem Freispruch zum lachenden Inder und reicht ihm zur Versöhnung die Hand. »Ich war selbst sieben Jahre im Ausland. Du kennst mi ja net richtig. I bin a freundlicher Mensch.« Auch die Taxirechnung ist beglichen. – Plus 17 Schilling Trinkgeld.

28. 3. 1998

Die Fehlplanung eines betrunkenen Senatsrats

Der Senatsrat war in Krems, führte eine Bauverhandlung über einen Weinkeller und verkostete. Heim fuhr er ab Stockerau unabsichtlich mit Polizeibegleitung, die auf der Klosterneuburgerstraße absichtlich überholte und winkte. »Das war dort bei der Verschneidung, die keine Beschleunigungsspur hat, ich war ja der Projektleiter«, erzählt der Pensionist, einst Herr des Wiener Mülls, der U-Bahnen und des Donauraumes.

»Um Gottes Willen, wenn s' dich jetzt erwischen, ist das dein Ende«, dachte er, wie er heute weiß, zu spät und zu recht. Jetzt konnte er nur noch das Beste aus der Situation machen. – Es war nicht gut genug: sechs Monate bedingt wegen versuchten Amtsmißbrauchs.

Die Polizei habe geglaubt, er sei irgendwer, sagt der Senatsrat: »Zugegeben, ich hab' ziemlich derangiert ausgesehen, keine Krawatte, schielen tu ich auch, und dick bin ich.« – »Na geh, kommen S'«, sagt der Richter.

»Mein Mandant ist aber kein gscherter Niederösterreicher, sondern ein Ehrenmann, den man besser behandelt«, meint seine Anwältin. Um eben dieses zu beweisen, zog der Senatsrat statt des Führerscheines den inhaltsstärkeren Dienstausweis. Aber die Polizisten reagierten schroff und wollten nur noch das eine von ihm: den Alkotest.

»Da hab' ich das Bedürfnis gehabt, mich verbal abzureagieren«, sagt er. Die Anklage zitiert: »Ich bin der Leiter der MA 48, ich habe 3.000 Leute unter mir. Wenn Sie mir den Führerschein abnehmen, lacht ganz Wien. Nun geben Sie ihn endlich her, er gehört ja mir!« »Würden Sie den Polizeipräsidenten anhalten, würden Sie sicher keinen Alkotest machen. Da würden Sie sich anscheißen, habe ich recht? Sie wissen, daß alle diese Herren besoffen fahren.«

»Ihr gehört sicher zu den 25 Prozent Haider-Wählern bei der Polizei. Ihr seids militant-pubertäre Rotzbuben!« Sagte es – und »blies zweimal neben das Röhrchen«. »Mir hat vor dem Mundstück gegraust«, sagt der Senatsrat.

3. 3. 1993

Schuß aus der Privatwaffe eines Polizisten

Heiß ist es. Getrunken wird. Da gehen manchen die Nerven durch. Die Wiener Polizei nennt es »b'soffene G'schichten« und könnte täglich Dutzende erzählen. Aber sie erzählt nicht jede gern.

In der Nacht von Donnerstag auf Freitag passierte etwas »mit viel Polizei« in Wien-Fünfhaus. Die Pressestellen der Exekutive unterließen es, die Medien darüber zu informieren. Folglich erfuhr die Öffentlichkeit nichts. Das ging fünf Tage gut. Bis heute.

Rainer war zuerst Tatzeuge, dann Betroffener. Er kam von einer Veranstaltung und wollte noch einen Sprung ins Café »Wohin« in der Schanzstraße schauen. Vor dem Lokal hatten sich Jugendliche bereits in Sicherheit gebracht, denn drinnen, so sagten sie, tobte ein Betrunkener und drohte mit einer Waffe.

Jetzt wankte er bei der Tür heraus. Bermuda-Shorts, Bermuda-Leiberl, Kampfstellung, Pistole mit beiden Händen im Anschlag, gerichtet auf einen etwa 18jährigen schmächtigen Burschen, der die Hände in die Höhe hielt und am ganzen Körper zitterte. Und der Betrunkene schrie: »I daschiaß di, du Hund, i daschiaß di.«

Er schoß tatsächlich. Aber das Projektil verfehlte sein Ziel. Rainer hatte sich von hinten an den Mann herangeschlichen und ihm gerade noch rechtzeitig den Arm zurückgezogen.

Nach dem Schuß kam es zu einer Rauferei. Rainer, ein ausgebildeter Karatekämpfer, konnte dem Tobenden schließlich mit dem Fuß die Waffe aus der Hand schlagen. Der flüchtete in seinem Fahrzeug. Umstehende hatten sich das Kennzeichen gemerkt. Man alarmierte die Polizei. Nach einigen Stunden war der Schütze in Haft.

»Nichts Besonderes, a b'soffene G'schicht« – Im Wiener Sicherheitsbüro kann man sich nicht vorstellen, daß sie jemanden interessieren könnte.

Zugegeben, der Täter ist Polizist. »Aber ein ganz ein junger.« – Und er war keineswegs in Uniform, sondern zivil betrunken. Bei der Waffe handelt es sich zwar um die Marke »Glock«, mit der Polizisten ausgestattet sind, aber die verwendete war seine Privatpistole. Der junge Sicherheitswachebeamte ist auch schon wieder frei. »Waffenschein und Waffe haben wir ihm aber abgenommen«, beruhigt der Polizeijurist.

»Ein Schuß soll gefallen sein?« Davon weiß er nichts. Aber es spielt keine Rolle. Ob so oder so, das Sicherheitsbüro ermittelt wegen »gefährlicher Drohung«. »Und er kriegt ein Disziplinarverfahren«, verspricht der Jurist.

20. 7. 1994

Er fuhr wie ein Dieb

Wolfgang ist Elektriker. »Jetzt nimma mehr«, sagt der 24jährige. »Nettoeinkommen?« – »Gar keines.« »Gut«, sagt die junge Richterin, »Sie können bleiben oder sich zu Ihrem Rechtsanwalt zurückrollen.«

Es geht um Widerstand gegen die Staatsgewalt. Die zwei lahmen Beine zwischen den großen Rädern haben hier kein Gewicht. Das Strafgesetz kann scharf trennen. Wolfgang soll in seinem roten Golf Polizeiautos abgedrängt und sich so einer Amtshandlung entzogen haben. Der Schuß in die Wirbelsäule gehört nicht in diesen Verhandlungssaal.

1. April 1994, nachts. Die Polizei fahndet in Wien-Favoriten nach einem Einbruchsdieb, der ein Fernsehgerät entwendet haben soll. Wolfgang, am Ende einer Lokaltour, hat nur noch die Absicht Auto und Führerschein sicher nach Hause zu bringen. Da gerät er mitten in die Großfahndung. Man will ihn als Tatverdächtigen anhalten. Er fährt weiter. Man verfolgt ihn als mutmaßlichen Täter. Er gibt Gas.

Bei der Verfolgungsjagd über die Wiener Südosttangente touchiert Wolfgangs VW-Golf in einer Kurve die Leitschiene. Daraufhin ergeht folgender Funkspruch einer Polizeistreife. A: »Der verliert den linken Vuadarafen.« B: »Foah weiter!« A: »Jo, der verliert die Fögen.« B: I schiaß eam in Rafen.« A: »Der kummt nimma weit.«

Wolfgangs Auto prallt gegen die Leitplanke. Die Schüsse auf sein Fahrzeug merkt er nicht. Plötzlich sticht etwas im Rücken. Er kann seine Beine nicht mehr bewegen. Er bringt sein Auto mit der Handbremse zum Stillstand und zieht den Kopf ein. Er hat das Gefühl, wenn er aussteigt, erschießen sie ihn.

»Ein bedauerlicher Irrtum der Polizei«, meint Wolfgangs Anwalt. »Der Schütze hat offenbar zu viele Action-Filme gesehen.« Selbst wenn Wolfgang der gesuchte Dieb gewesen wäre, hätte nicht auf ihn geschossen werden dürfen. Das sei nur bei »gemeingefährlichen schweren Verbrechern« gerechtfertigt. Der Anwalt wird gegen den Beamten gerichtlich vorgehen.

Die Staatsanwaltschaft schließt sich den Aussagen der Exekutive an. Danach hätte Wolfgang den Streifenwagen mehrmals bewußt zur Seite gedrängt und die Polizisten gefährdet. Der Prozeß wird zu Zeugeneinvernahmen in Anwesenheit von Gutachtern vertagt.

4. 11. 1994

Warum gerade den linken Zeigefinger

Das Vermächtnis der Parkbank

Immer mehr Unfälle passieren in der Freizeit. Wie oft soll man noch davor warnen! Überall in der Landschaft lauert gefährliches Gerät: Bäume in unmittelbarer Nähe von Skipisten, Torstangen am Rande von Fußballfeldern. Und, besonders heimtückisch und in ihrer Wirkung als Aggressoren bisher gröblichst unterschätzt, Parkbänke in Kurzentren.

Dorfgastein im Juli 1991. Das betagte Ehepaar S. genießt einen vierzehntägigen Kuraufenthalt – vier Tage lang. Dann will man sich nach einem atemberaubenden Spaziergang auf einer Bank am Waldesrand zur Ruhe setzen.

Die Bank stand, wie sich später herausstellte, mit zwei statt vier Füßen, lose statt befestigt, auf aufgeweichtem statt hartem Grund. Sie wartete, bis das Pensionistenpaar Platz nahm. Dann kippte sie nach hinten um.

Karin S. (79) erlitt eine schwere Prellung, Muskelfaserrisse und Hämatome am Unterschenkel. Die Kur war beendet.

Der Fremdenverkehrsverband Dorfgastein weigerte sich vorerst, für den Schaden aufzukommen. Für ihn bestand die Fehlleistung in der harmonischen Zweierbeziehung der Opfer: »Der Unfall ist offensichtlich nur darauf zurückzuführen, daß sich Herr und Frau S. gleichzeitig setzten und zurücklehnten.«

Mit »D.A.S.-Rechtsschutz« bemühte sich das Ehepaar, dem Argument gerichtlich entgegenzutreten, und verlangte 66.000 Schilling Schmerzensgeld und Behandlungskosten.

Noch einmal blieb Dorfgastein stur: »Die klagende Partei hat zugegeben, daß sie und ihr Gatte sich gleichzeitig hingesetzt und zurückgelehnt haben.« Nach zähen Verhandlungen war man bereit, 40.000 Schilling zu zahlen, nach noch zäheren 55.000 Schilling. Damit gibt sich Frau S. zufrieden.

3. 11. 1993

Der verlorene Zeigefinger

Doktor K. hat alles verloren: seine Frau, seine Freundin, seinen Job. Alles wegen seines linken Zeigefingers. Den hat er auch verloren, absichtlich. Dabei hätte ihm dieser, im getrennten Zustand, beinahe siebeneinhalb Millionen gebracht. Das Geld – verloren. Die Ehre – verloren. Den Betrugsprozeß – verloren. Zweieinhalb Jahre Haft, zehn Monate davon unbedingt, für den Chirurgen.

Er kam mit 70.000 Schilling netto im Monat nicht aus. Also nahm er die Sache in die Hände – indem er dieselben bei zwei Gesellschaften millionenhoch versicherte.

Es war eine schmerzhaft schlechte Idee: Am 18. Mai 1989 entfernte Hobbytischler Doktor K. den Schutzbügel seiner Fräsmaschine. Mit vier Kubikzentimeter Narkoselösung betäubte er den Finger, zog sich einen Handschuh an und führte seine linke Hand langsam in die Maschine ein.

Womit der Chirurg nicht rechnete: Die Verletzung reichte über den narkotisierten Zeigefinger hinein bis zur Mittelhand. Die tat beim Fräsen höllisch weh. Nachher ließ sich der Mediziner den Finger im Krankenhaus amputieren.

»Warum gerade den linken Zeigefinger?« fragt der Richter. »Man braucht ihn im Verhältnis zur Entschädigung am wenigsten«, meint der Arzt. Aber jetzt hätte er ihn doch gern wieder.

17. 1. 1991

Der leicht erpreßbare Frauenarzt

Die Staatsanwältin ist engagiert bei der Sache. Sie klagt eine »schwere Erpressung« an, deren Opfer ein Gynäkologe ist. »Gott sei Dank ist diese besonders freche Art in Österreich noch unüblich«, meint sie. Zum Schutz des Arztes will sie die Öffentlichkeit ausschließen (was mißlingt). Dem Angeklagten wirft sie verächtliche Blicke zu. Gegenüber der heulenden Erpresserin stellt sie klar: »Es beeindruckt mich nicht, wenn Sie hier zerfließen!«

Der Gynäkologe ließ sich überraschend leicht und hoch erpressen. Ein Besucher gab sich als Wiener-Reporter aus, der an einer »Story« über sexuelle Belästigungen des Arztes arbeitete. Der Gynäkologe zahlte zur Rettung des Rufes spontan 44.000 Schilling. Tags darauf forderte und bekam der Erpresser weitere 100.000, zwei Wochen später 75.000 Schilling Zugabe.

Die Erpresserin, eine zierliche 30jährige Frau, fühlt sich nicht sehr schuldig. Sie bleibt dabei: der Arzt habe sie belästigt, habe »seinen Kopf zwischen meine Beine gesteckt«. (»Muß er ja«, erwidert der Richter.) Ihr Mann habe den Arzt daraufhin zur Rede gestellt – und sei unverhofft mit Schweigegeld versorgt worden.

Der Erpresser, ein kleiner, drahtiger 37jähriger Mann, zeigt Ansätze zu einem Geständnis. Das ihm das Geld vom Arzt aufgedrängt worden sein soll, glaubt ohnehin keiner. Überdies war er bereits einmal wegen Erpressung verurteilt worden. Als er es schließlich noch einmal beim Doktor probierte, ging dieser zur Polizei.

Der Richter ist höflich. »Könnten S' vielleicht a bisserl mehr bei der Wahrheit bleiben«, bittet er den Erpresser. Sie fragt er väterlich besorgt: »Warum sind S' denn so tief g'sunken?« – Von der etablierten Bürokauffrau zur betrügerischen Prostituierten. Sie weint. »Er ist der Grund, gelt?« fragt der Richter. Sie schweigt.

10. 2. 1995

Obermedizinalrat verurteilt

»Ich bin ein unbescholtener Arzt«, sagt der Obermedizinalrat: »Ich arbeite seit 45 Jahren und bin nie mit dem Gesetz in Konflikt gekommen. Ich bin eine angesehene Persönlichkeit im In- und Ausland. Ich habe Verträge mit allen Kassen.«

»So«, antwortet die Richterin, »vernehmen Sie jetzt das Urteil im Namen der Republik.« Der Obermedizianalrat vernimmt: Schuldig soll er sein. Hehlerei soll er begangen haben. 60.000 Schilling Strafe soll er zahlen. Und wenn er es nicht tut, soll er sich für hundert Tage ins Gefängnis begeben müssen. – Da geht der 71jährige Arzt mit Zorn und Vehemenz in die »volle Berufung«. Die Welt versteht er ohnehin nicht mehr.

Seinerzeit, am ersten Prozeßtag wurde die Geschichte des Gastarbeiters Zivorad erzählt: Jener Mann fand im Müll des Wiener Allgemeinen Krankenhauses ein appetitlich verpacktes Gerät, welches, weil es offensichtlich kein Mikrowellenherd war, von Zivorad als Fernseher angesehen wurde. Tatsächlich war es zu Zivordas Enttäuschung ein Herzüberwachungs-Monitor.

Er wandte sich an seinen Hausarzt, eine angesehene Persönlichkeit, welche das EKG-Gerät sofort ins Herz schloß und testen ließ.

Hier hakt die Staatsanwaltschaft jetzt ein und sagt: »Nein, so nicht!« Die Richterin präzisiert: »Auf dem voll funktionsfähigen Gerät stand groß ›MA 16‹ drauf. Das muß der Angeklagte gesehen haben.« – Hat er nicht, sagt er. Die Richterin bleibt dabei: »Der Angeklagte wollte das Gerät eventuell in der eigenen Ordination einsetzen. Er hat zumindest mit bedingt bösem Vorsatz agiert.« Hat er nicht, sagt er.

Zivorad fühlt sich ebenfalls ungerecht behandelt. Auch er beruft gegen den Schuldspruch, 7.000 Schilling wegen Diebstahls. Ob und wie das Herzüberwachungsgerät auf den AKH- Müllplatz gelangte?

13. 3. 1992

Der Kieferzangenmann

»Selten sieht man einen Angeklagten so heulen«, sagt der Richter. Tatsächlich. Wolfgang (24) weint in einer Stunde etwa so viel wie herkömmliche Einbruchsdiebe in einem Jahr. »Sind wir so schrecklich?« fragt der Richter liebevoll. (Weinkrampf verstärkt sich.) »Sie sind doch ein gestandenes Mannsbild!« (Weinkrampf wird heftiger.) »Ich habe noch nie einen reumütigeren Sünder gesehen«, tröstet seine Verteidigerin. (Weinkrampf gerät außer Kontrolle.)

Der gleiche Wolfgang war einmal cool. Zwei Mieten ausständig. Stromrechnung offen. Da betrat er das Wiener AKH – und wurde Kieferchirurg. Der dazu passende weiße Mantel lag auf einem Haufen Schmutzwäsche. Das Namensschild Dr. Trevino bürgte für Reife. Ein Stethoskop um den Hals signalisierte Einsatzbereitschaft. Eine aus der Tasche ragende Zahnzange sorgte für Respekt.

»Warum ziehen S' einen Arztkittel an?« fragt der Richter. »Ich hab' gedacht, das ist unauffällig«, verrät Wolfgang zwischen zwei Tränengüssen. – Und da hatte er recht. Einen Monat beherrschte er die Gänge, Lifte und Garderoben aller Ebenen. Mit seiner Kieferzange knackte er 60 Spinde. Zugegeben, nicht die prallsten. Ausbeute: Dutzende paar Strumpfhosen, medizinisches Kleingerät, 30 Schlüssel und 2.500 Schilling Bargeld.

»Hatten Sie Kontakt mit Schwestern und Patienten?« fragt der Richter. »Ja, die haben mich freundlich gegrüßt«, schwärmt Wolfgang: »Es war ein angenehmes Gefühl, als Arzt durchs AKH zu gehen.« – »Haben S' auch Visiten gemacht?« fragt der Richter: »Oder gar operiert?« – Aber nein. Allein die Vorstellung rührt ihn zu neuen Tränen.

Ende Februar wurde er in der Damen-Garderobe erwischt. »Ich hörte ein Rascheln im Duschvorhang«, erinnert sich

Schwester Hanni. Als sie einen Mann diagnostizierte, schloß sie die Tür und sperrte ab. »Wer sind Sie?« fragte wenig später die Polizei. »Dr. Trevino, von der Kieferchirurgie«, erwiderte Wolfgang. »Was tun Sie hier?« fragten die Beamten. – »Ich warte auf Schwester Maria.« Seine letzte gute Antwort.

Das Urteil: 15 Monate bedingt. »Danke«, wimmert der Angeklagte. »Die fünf Monate U-Haft waren wie fünf Jahre.«

7. 4. 1998

Hauptberuflich krank

Herr Albin war zwölf Jahre lang Polizist. »Ein schöner, interessanter Beruf«, kann er sich vorstellen. Genau weiß er es nicht. Knapp vor Dienstantritt erkrankte er regelmäßig. In den Pausen zwischen zwei Krankheiten verletzte er sich meistens. So brachte er es in sieben Jahren auf 1.000 Tage Krankenstand. Die Republik verlangt nun eine halbe Million Schilling zurück. Denn die Staatsanwältin erfrecht sich zu behaupten: »Es war Betrug.«

Herr Albin (30) fühlt sich schon ein bißchen in seiner Polizistenehre gekränkt. »Ich bin immerhin dreimal belobigt worden«, sagt er. (Möglicherweise für die sauberste Uniform des Wachzimmers Stephansplatz.)

Was mußte Herr Albin durchmachen! Stets von Fieber geschüttelt, immerzu von Viren umschwärmt. Ein Knie, das man nur schief anschauen mußte, schon entzündete es sich. »Ständig heftige, stechende Schmerzen«, sagt er. Sie machten es ihm unmöglich, polizeilichen Funkdienst zu versehen. Aber der Mann ließ sich nicht gehen. Er nahm sein Krankenschicksal in die Hand – und absolvierte im »Stand« einen Golflehrkurs.

»Ich war wirklich dienstuntauglich«, beteuert er. Aber: »Ich war ein Naturtalent.« Als solches reparierte er Autos, baute an einem Haus mit, vertrieb sich die Zeit beim Skifahren und Surfen. Und gab Golfstunden. Dabei wurde er von Kollegen beobachtet.

Vor eineinhalb Jahren wurde er in der gleichen Angelegenheit bereits freigesprochen. Er hatte gute Ärzte. Sie ließen dem Richter (schriftlich) wissen, daß sie für Scheinkranke niemals Krankenscheine unterschreiben würden. Also muß Herr Albin tatsächlich so krank (oder verletzt) gewesen sein, wie er sich fühlte. Der Freispruch hielt aber nicht. Und der neue Richter will die Ärzte kennenlernen.

Ein Orthopäde ist bereits vorstellig geworden. Er sagt: »Die Krankheit des Patienten ist medizinisch nicht erklärbar. Er leidet an einem ›Ich-will-nicht-arbeiten-Syndrom.‹« Zur Einvernahme weiterer Zeugen wird der Prozeß vertagt.

3. 12. 1996

Und bestes Kokain obendrein

Ein Haschischprozeß, süß wie Schokolade

»Alle Jahre wieder«, sagt der Richter. Herr Franz grüßt mit Achselzucken. »Für Sie allein könnt' i schon a Abteilung aufmachen«, meint der Richter: »28 Vorstrafen«. – »Jawohl«, erwidert Franz. »Stimmt net«, korrigiert der Richter: »25 sind's nur.« Franz nickt wie rehabilitiert. »Des is a Hetz mit Ihnen«, sagt der Richter. Gelächter. Die Juristen wollen sich diesmal bei der Arbeit amüsieren.

Frau Adelheid ist unbescholten und drogenabhängig. »Hören S', tun S' net so zittern«, herrscht sie ein autoritärer Verteidiger an: »Der Richter is eh nett.« Anwalt und Richter lachen, der Staatsanwalt grinst.

»Baujahr 1954 und kokainabhängig«, sagt der Richter: »Des is eher ungewöhnlich – entweder man ist schon tot oder vom Gift weg.« Adelheid schluchzt. »Wollen S' a Glaserl Wasser?« fragt der Verteidiger. »Gibt's leider keines in diesem Lokal«, antwortet der Richter. Der Staatsanwalt fühlt sich gut unterhalten.

»Warum haben Sie Ihrem Sohn Kokain gegeben?« fragt der Richter scharf. »Ich wollte ihn von der Nadel wegbringen«, erwidert Adelheid. »Aha, Koks aus therapeutischen Gründen«, sagt der Richter: »Hör' ich auch zum ersten Mal.« Die Verteidiger lächeln.

Der Sohn heißt Harry. Er ist 20, und man hört ihn kaum. »Beim Fenstereinschlagen san S' lauter«, weiß der Richter. Wegen Einbruchs saß er vier Monate. Zum Deal soll ihn die Mama verführt haben. »Sie sagte: ›Komm Harry, mach mit!‹ – und der Trottel machte mit«, meint der Anwalt.

Ein verdeckter Fahnder hatte das Trio schon länger »in Arbeit«. Endlich war man bereit, 50 Kilo Haschisch aufzustellen. Leider hatte man keines: Also nahm man Schokolade. Die war billiger: 303 Schilling und 90 Groschen – mit Kraftbändern in schöne Päckchen gehüllt. Dafür wollte der Fahnder 530.000 Schilling bezahlen. Doch er war eben ein Fahnder und nahm die Schoko-Dealer fest.

Die Idee stammte von Franz, die Schokolade vom Hofer. »Hofbauer war euch zu fein«, meint der Richter: »Ihr seid's halt echte Sozialhilfeempfänger.« Die Anwälte lächeln.

Mutter und Sohn kommen mit je einem Jahr bedingt davon. Franz erhält 15 Monate unbedingt. »San S' im Häfn wieder Hausarbeiter?« fragt der Richter. Franz nickt. »Schön putzen«, sagt der Richter: »Das Haus braucht tüchtige Leute.«

20. 8. 1997

Das Schicksal der Kofferträger

25 Kilogramm Kokain – eine der größten in Österreich je beschlagnahmten Mengen. Das war am 18. Oktober 1993 am Flughafen Wien-Schwechat. »Und bestes Kokain obendrein«, nimmt der Richter anerkennend vorweg. Es verspricht, ein qualitativ hochwertiger Prozeß zu werden.

Fünf Angeklagte werden vorgeführt. Sie fanden aus Frankreich, Spanien und Kolumbien nach Wien. Sie stehen (oder sitzen) herum, als hätten sie noch immer keine Ahnung, worum es geht. Sie glaubten, auf einfache Weise Geld verdienen zu können. Kriminell wollten sie alle nicht sein, nichts mit Drogen zu tun haben. Jemanden süchtig machen? – Gott behüte.

Maria (28) und Bernardo (34) dachten, in ihren Koffern, die sie von Bogotá nach Wien transportierten, hätten sich Kleider befunden. Warum sie in Schwechat andere Koffer an sich nehmen sollten? – Man muß nicht alles verstehen. Immerhin flogen sie gratis. Und man versprach ihnen je 30.000 Schilling für die nette Geste des Gepäcktausches.

Emanuel (20) war immerhin französischer Botschaftssekretär in Barcelona. Er reiste mit seiner Mutter Liliane (42). Die beiden hätten schwören können, die Koffer, welche sie in Wien zu sich nahmen und nach Spanien bringen hätten sollen, seien mit wertvollen Smaragden gefüllt. Auf die Idee, es könnte sich um Kokain handeln, wären sie nie gekommen.

Felix (41) ähnelt Robert de Niro, verzichtet aber auf Schauspielerei – und gesteht von allen fünf noch am meisten. Er sei »Aufpasser« gewesen, habe also den Transport überwacht. Er habe gewußt, daß sich in den Koffern Kokain befand, aber nicht gar so viel. Mit sechs Kilogramm im Wert von höchstens einer Million Schilling habe er gerechnet.

Der Prozeß endet – so sieht es der Richter – »für die Menschheit glücklich, für die Beteiligten eher unglücklich«. Sie werden zu Freiheitsstrafen in der Dauer von drei bis neun Jahren sowie zu teilbedingten Geldstrafen verurteilt.

Interessant wäre vielleicht noch, wer den Auftrag für den Schmuggel gegeben hat und kassiert hätte. Nun, er soll Rechtsanwalt sein und in Kolumbien leben. Mehr wurde nicht verraten.

15. 3. 1994

Martinas irre Sprünge auf den Motorhauben

»Es tut mir wirklich leid«, sagt Martina mit zarter Stimme. Was genau, das weiß sie nicht. Hört sich jedenfalls furchtbar an, was man ihr nachsagt: Körperverletzung, Sachbeschädigung, Widerstand gegen die Staatsgewalt. Angeblich eine »tobende Psychose«. Der Prozeß wird vertagt. Auf den Psychiater kann diesmal nicht verzichtet werden.

Martina ist 27 und hat den zähen Kampf mit oder gegen Heroin bisher weder gewonnen noch verloren. Zuletzt sah es nicht schlecht aus. Das Methadonprogramm griff, die Menge der Ersatzdroge konnte reduziert werden. Martina verließ die

Betreuungsstation »Ganslwirt«, arbeitete regelmäßig und fand sich in ihrer eigenen Wohnung ganz gut zurecht.

Am 31. Juli brachte sie eine schlechte Nachricht aus der Fassung: Sie werde ihren kleinen Sohn erst in zwei Jahren wieder besuchen dürfen, teilte ihr die Mutter mit. Daraufhin besorgte sich das Mädchen eine Flasche Schnaps, von der sie daheim ein paar Mal kräftig zog. »Wußten Sie etwas über die Wirkung von Alkohol und Methadon?« fragt der Richter. »Nein«, sagt Martina: »Ich dachte, ich schlaf' gleich ein.«

Das Gegenteil war der Fall. Passanten sahen das kreischende Mädchen auf den Motorhauben parkender Fahrzeuge herumspringen und alarmierten die Polizei. Es kam zu einem tumultartigen Einsatz in einer Straßenbahn.

Vier Beamte versuchten, die tobende Verwirrte auf die Straße zu schaffen. Dort wälzten sich alle am Boden. Vier weitere Kollegen waren notwendig, um Martina aufs Wachzimmer zu bringen. »Sie hat sich gebärdet wie eine Irre«, sagt eine Zeugin. »Komplett hysterisch«, meint ein Kollege: »Sie hat geschrien, getreten, gespuckt und gebissen.«

Die Bilanz: Sechs beschädigte Fahrzeuge, drei verletzte Polizisten. Die Rettungsärztin, die das Mädchen auf die Baumgartner Höhe brachte, erlitt eine Knieprellung und eine Bißverletzung im Ellbogen. »Zart gebaute Personen können bei solchen Ausbrüchen unglaubliche Kräfte entwickeln«, erklärt sie.

Martina schüttelt den Kopf und sagt im Flüsterton: »Das hätt' ich mir niemals zugetraut.«

24. 1. 1997

Lehrerin und Dealer

»Sie hat mit Drogen nichts am Hut«, sagt ihr Verteidiger. Er war einmal Justizminister. Man darf ihm glauben.

Sie hat auch sonst nichts Kriminelles an sich. Außer James. Die Abhängigkeit von ihm läßt zwar deutlich nach, aber doch um einiges zu spät. Sie ist Volkschullehrerin. Er Drogendealer. Zweiteres verbindet sie. Deshalb sitzen sie hier.

Vor zwei Jahren hatten sie einander kennengelernt. »Die Beziehung wurde enger«, erzählt sie. »Ganz eng?« fragt der Anwalt. »Ja, ganz eng.« Sie lebten zusammen. Sie liebte ihn. Er ging fremd. »Ich war eifersüchtig«, sagt sie: »Ich hab' versucht, immer in seiner Nähe zu sein.«

In seiner Nähe hieß: in der Nähe von Kokain und Heroin. – Wußte sie zwar nicht von Anfang an, hätte sie sich aber denken können. Seltsame Anrufe. Komische Kontakte. Geheimnisvolles Getue. Und einmal stieß sie dann in der Ofenlade auf »schwarze und graue Kugeln«. Dann kannte sie seinen Job.

»Und was taten Sie?« fragt der Richter. – »Ich war so verliebt, ich hab' das verdrängt.« »Was glauben Sie, was das Suchtgift alles anrichten kann?« – »Ich weiß«, sagt sie: »Ich war immer gegen Drogen. Es tut mir leid, daß ich da hineingeraten bin. Ich hab's einfach nicht geschafft, mich von ihm zu trennen.«

Mehr noch: Sie ging mit. Sie chauffierte den Schwarzafrikaner.

Sie wartete im Auto, während er seine Kunden belieferte. »Was haben Sie von seinen Geschäften gewußt?« fragt der Richter. »Am liebsten hätte ich gar nichts gewußt«, erwidert die suspendierte Lehrerin.

Die Staatsanwältin kommt auf knapp 1.000 Gramm Suchtgift, teils vertrieben, teils in der Wohnung aufbewahrt. James sagt »I feel guilty« und lächelt. Der Prozeß wird zur Einvernahme von Zeugen vertagt.

5. 3. 1998

Erst das Nützen erhöht die Chance

Sein Anwalt sieht Werner unmittelbar vor der Verhandlung zum ersten Mal. Er ist an den Handschellen leicht zu erkennen. »Wieviel Hasch hamma verkauft?« fragt der Anwalt. »So sechs Kilo«, flüstert der Mandant. »Pffff«, macht der Verteidiger. »Und geben wir's zu?« – »Ja schon«, sagt Werner. »Das ist klug«, meint der Anwalt.

Der Konsum ist vom Gesetz her eher harmlos. Haschisch mit 15, Heroin mit 17, Kokain mit 19 – der Richter will gar nicht wissen, warum. Vier, fünf Drogenkarrieren pro Woche stumpfen ab. Die einen halten länger durch, die anderen kürzer. »Ein Wunder, daß Sie noch leben«, sagt der Richter freundlich.

Erst beim Verkauf wird er böse. Denn darin pflanzt sich die Sucht fort. Und alle stehen sie irgendwann vor ihm. Und er hört immer und immer wieder die gleichen Geschichten.

Die Anklagebehörde geht von acht Kilo Haschisch aus. Werner bleibt bei sechs. Zehn Schilling pro Gramm. Macht 60.000 bis 80.000 Schilling. »Da haben Sie ganz schön verdient«, meint die Staatsanwältin. »Ich hab' viel gebraucht«, erwidert der 25jährige.

»Und wie soll's weitergehen?« – Auch das fragt der Richter fast täglich. »Ich hör' auf damit.« (Hört er fast täglich.) Werner will mit einem Freund ein Ledergeschäft betreiben. »Da seid's garantiert die ersten am Markt«, spöttelt der Richter: »Und wie wollt's euch das finanzieren?« – »Wir wollen arbeiten.« – »Eine Superidee«, sagt der Richter.

»Ich würde gerne eine kleine Chance bekommen«, bittet Werner. »Auf die Chance kommt es nicht an, sondern aufs Nützen«, erwidert der Richter. Das Urteil: zwei Jahre Haft. Aber Werner muß sie erst in einem Jahr antreten. Wegen der Chance.

17. 8. 1994

Haltet den Heroin-Dieb

Am 20. August betrat der schüchterne Schneider Mahmut aufgeregt ein Wiener Polizeiwachzimmer und sagte zum Beamten: »Ich möchte eine Diebstahlsanzeige machen.« Der Polizist setzte sich zur Schreibmaschine, spannte einen Bogen Papier ein, blickte kurz auf und fragte mit der Fadesse der Routine: »Also, was is Ihnen gestohlen worden?« Mahmuts Antwort: »Dreiviertel Kilo Heroin.« – Zweieinhalb Jahre Haft.

»Dümmer als die Polizei erlaubt«, meint der Richter. Tatsächlich: Sie erlaubte sich, sofort nachzufragen: »Heroin?« – Mahmut: »Heroin.« Polizist: »Bledsinn.« – Mahmut: »Ich kann's beweisen.«

Man machte sich zur Wohnung des türkischen Schneiders auf. Dort waren noch Pulverreste vorhanden. Das überzeugte die Beamten. Sie nahmen Mahmut fest.

»Sowas Naives ist mir noch nicht untergekommen«, sagt der Staatsanwalt. Der 35jährige Türke weiß nicht, ob er das als Kompliment auffassen soll. Beim Schuldenstand von 400.000 Schilling hatte er sich entschlossen, weitere 120.000 Schilling in die Tilgung zu investieren. Von einem Türkei-Aufenthalt kehrte der Suchtgift-Quereinsteiger mit 700 Gramm hochwertigem Heroin zurück. »Das hat so bitter gerochen, daß mir schlecht geworden ist«, erinnert er sich. Also mischte er es unter drei Kilo Pfefferminztee.

Ein gewisser Serif war bereit, das gesamte Gift für 400.000 Schilling zu kaufen. In einer Pizzeria fand die Übergabe statt. Sie erwies sich als einseitig: Mahmut erhielt keinen Schilling. Also wandte er sich an die Polizei.

»Ginge es nicht um die Todesdroge schlechthin, könnte man beinahe schmunzeln«, meint der Staatsanwalt. Zweieinhalb Jahre Haft sind ihm zu wenig: Er beruft.

31. 10. 1996

Sind Sie so a wichtige Person

Staatsgewalt der Ex-Kollegen

Es gibt zwei ungeheuerliche Geschichten zum Fall des 31jährigen Franz W. Die eine ist eine Art tragischer Heldenroman und empört das (links)liberale Lager: Ein Polizist legt seine Uniform ab, um Gutes zu tun und das Böse in der Amtshandlung aufzuzeigen. Prompt gerät er bei einer Fahrzeugkontrolle seinen Ex-Kollegen in die Hände, wird geschlagen, verhöhnt, mit Haschisch versehen und vor Gericht gebracht.

Die zweite Geschichte erzählt von einem Verräter und sorgt in (rechts)konservativen Kreisen für Unmut: Ein Polizist scheitert an den hohen Ansprüchen des Berufs, kündigt und zieht seine Kollegen öffentlich in den Schmutz. Prompt fährt er betrunken den Gürtel entlang, wird routinemäßig höflich angehalten, schlägt plötzlich so wild um sich, daß 15 Mann Verstärkung angefordert werden müssen, verletzt einen Polizisten schwer und schüttelt in der Zelle dann auch noch Haschisch aus dem Ärmel.

Sozusagen zwischen den Geschichten sitzt, auf der Suche nach der Wahrheit, der Richter und fragt den Angeklagten: »Sind Sie so a wichtige Person?« Der Angeklagte: »Ich habe in einem Club 2 über Menschenrechtsverletzungen gesprochen.« Der Richter: »Uninteressant. Hab' ich nicht gesehen, der Club 2 kann mich in der Nacht nicht vom Ofen hervorholen. »Was war das?« Der Ex-Polizist: »Es ging um die Mißstände bei der Wiener Polizei.« – »Uninteressant, Mißstände, Mißstände, überall gibt es Mißstände.« (Sagt es und blickt sich demonstrativ um in seinem kargen, schwülen, viel zu kleinen Gerichtsräumchen, wo ihn die Angeklagten und Zeugen seit Jahrzehnten mit ihren persönlichen Problemen quälen.)

»Haben Sie sich also gar nichts zu Schulden kommen lassen?« fragt der Richter den Polizei-Aussteiger mit dem zum Zopf gebundenen Haar, der neuen Berufsbezeichnung »freier Schriftsteller« und den angeklagten Delikten »Widerstand gegen die

Staatsgewalt« und »Körperverletzung«. Franz W. sagt: »Nein, ich habe keine Gewalt angewendet. Ich habe die Hände bewußt unten gelassen. Die ganze Anzeige ist eine Konstruktion. Sie haben zu mir gesagt: ›Jetzt tunken wir dich ein.‹«

»Alles nicht wahr«, behauptet der damals leitend amtshandelnde Inspektor, ein bulliger Mann mit Schnauzbart und militärisch kurzem Haarschnitt. Er habe den Wagen angehalten, mit dem Lenker geredet, »wie man halt mit einem Angehaltenen redet«, plötzlich habe er »in der Atemluft einen Biergeruch wahrgenommen« und den Fahrer zu einem Alko-Test aufgerufen. Zuerst habe der ihm »absolut unbekannte« Mann »immer nur lächelnd in den Himmel geschaut«, dann habe er »zu einem gezielten Schlag in meinen Unterleib ausgeholt«. Im Kampf sei dann er, der Inspektor, »eigentlich immer oben gewesen«. Eigentlich bis heute: sechs Monate bedingte Haft.

Von Haschisch wollte übrigens keiner der Beamten mehr etwas wissen.

2. 8. 1991

Der Polizist, der keiner ist

»Irgendwo entsteht der Eindruck«, sagt irgendwann der Richter, »daß Sie sich gern als Polizist ausgeben.« Der Angeklagte: »Es fängt meistens mit einem Achterl an und marschiert dann weiter bis zum Doppelliter.« Der Richter: »Sie können sich nicht immer, wenn Sie betrunken sind, als Polizist ausgeben.« – »Es ist eh nicht immer«, erwidert der Angeklagte.

Einmal war es bei der sozial schlecht gestellten türkischen, womöglich gar kurdischen Familie S. Der Betrunkene besuchte sie daheim: »Türe aufmachen, Kriminalpolizei!« Dann »zückte er seinen Personalausweis und steckte ihn sofort wieder ein, um den

Eindruck zu verstärken, er sei Kriminalbeamter«. Der Eindruck war stark genug. Die eingeschüchterte Familie glaubte dem Betrunkenen, daß mit ihrem Visum etwas nicht in Ordnung sei und ließ sich 1.000 Schilling Bußgeld herauslocken.

Der Richter: »Schäbig. Wehrlose Gastarbeiter.« Der Angeklagte: »Ich weiß, es war eine hirnrissige Idee, unentschuldbar, nie wieder gutzumachen!«

Und einmal war es im Park. »Da haben zwei geschmust, das Mädchen war noch ganz jung, das geht doch nicht«, sagt der Angeklagte. Der Richter: »Und Sie waren betrunken – und Polizist.« – »Ja, ich weiß, das war eine saublöde Aktion. Aber die Familie von dem Mädchen ist nicht gerade gut beleumundet.« – »Na Sie vielleicht, mit Ihren neun Vorstrafen!«

»Und was war das mit der Goldkette, die Ihr Freund angeblich gefunden hat?« will der Richter wissen. – »Ich hab' sie zum Versatzamt gebracht.« »Bringt man nicht Sachen, die man findet, zum Fundamt?« – »Ich selbst hab' die Kette ja nicht gefunden.« Urteil: 15 Monate Haft.

14. 5. 1991

Toscas fliegende Fäuste

Luciano Pavarotti führt durch eine prächtige Sommernacht – Puccinis Tosca. Ein bißchen flach vielleicht, aber die Videoleinwand vor der Oper gibt ihr Bestes. Ein Herr Magister und seine Lebensgefährtin frönen im dichten Gedränge der lauen Kulturlust und haben sich dabei freizügig lieb.

»Ich hab' meine Frau um die Hüfte genommen und gestreichelt«, sagt der Magister. »Er hat die Dame abgegriffen«, meint Herr Erich ergriffen. Der Pensionist steht diesbezüglich noch immer unter Schock. Seine Frau Gertrude kann alles aufgeregt bezeugen: »Er hat seine Begleiterin sexuell... belästigt kann man nicht sagen, ihr hat's ja gefallen!«

Herr Erich überwindet sein Trauma und verbalisiert: »Er hat sie von hinten angegriffen. Soooo.« (Macht eine untergrabende Handbewegung.) »Warten S'«, sagt Richter Werner Röggla, »ich muß erst in Worte fassen, was Sie mir da zeigen.«

Pavarotti singt. Herr Erich schubst den Herrn Magister und sagt: »Hören S' auf, Sie Ferkel, wir wollen die Oper sehen, net Ihre Schweinereien.« Der Magister kontert: »Schleichen S' Ihnen, Sie alter Spanner, schauen S' auf die Leinwand, net auf uns.«

Herr Erich präzisiert: »Er hat ›impotente Drecksau‹ zu mir gesagt. Und ›Spanner‹ – das ist ein Wort, das ich nicht gekannt hab', ich bin jetzt 65.« Dann sei die Sache handgreiflich geworden. Herr Erich atmet schwer: »Plötzlich fährt eine Faust vor, mir voll ins Gesicht – der Herr Magister.«

Der Pensionist habe sich gewehrt. »Es war ein gewaltsames Stoßen.« »Was machten die Frauen?« fragt der Richter. – »Während ich mit dem Herrn beschäftigt war, haben die Damen gerangelt. Jeder, der umgestoßen wurde, ist wieder zurückgeflogen.« »Gummimenschen«, sagt der Richter. Höhepunkt: »Plötzlich biegt mir jemand die Finger um, bis sie brechen – der Herr Magister.«

Derselbe beschreibt die Pavarotti-Szene anders. Nach der Beschimpfung habe der Pensionist zweimal ansatzlos zugeschlagen. Die Brille brach, die Nase blutete. Der Magister habe daraufhin sofort die Polizei verständigt.

Der Pensionist wurde wegen Körperverletzung bereits rechtskräftig verurteilt. Der Magister wird im Zweifel freigesprochen. »Unverschämtheit«, murmelt Frau Gertrude. Und Herr Erich zürnt: »Von mir aus können sich die Leut' neben mir nackert ausziehen, ich rühr' keinen Finger mehr!«

1. 12. 1995

Sekretärinnen-Report

Mit Frau Renate, einer blonden, zierlichen, Schönbrunnerdeutsch sprechenden, brav aussehenden Frau, stimmt etwas nicht. Nähere Details sind pikant. Zwei Beziehungen sind ihr kläglich gescheitert, jene zu einem Mann und jene zu Geld. Die erste war die verhängnisvolle – »Wegen ihm habe ich angefangen, d'raufloszuleben« –, die zweite die strafrechtlich relevante: Sekretärin Renate gab sich als Managerin aus und lebte kaiserlich auf unredlich erworbenem Kredit. Momentaner Schuldenstand: mindestens eine Million Schilling.

Peinlich berührt steht »der Mann«, ein nobler Holländer, als Zeuge vor der Richterin, die ihm auch gleich die Scheu zu nehmen versucht. »Bei den derzeitigen Moralbegriffen ist es keine Schande, wenn Sie ein Pantscherl mit ihr gehabt haben. Also hatten Sie eines?« Der Holländer will nicht antworten. Die Richterin: »Gut, noch vorsichtiger – hatten Sie ein persönliches Verhältnis?« Der Zeuge: »Ja.« Die Richterin: »Ist es von Ihnen aufgekündigt worden?« Der Zeuge, erleichtert: »Ja.« Die Richterin: »Hat sie sich damit abgefunden?« Der Zeuge, weinerlich: »Nein.«

Er, der Holländer, und seine Lebensgefährtin seien von Frau Renate »auf sehr unangenehme und gefährliche Weise terrorisiert« worden – bis zu 50 Droh-Anrufe täglich, Beschattungen, Verfolgungsjagden im Auto, Hausbesuche über ein Baugerüst und dergleichen Aufdringliches mehr.

»Kommen wir zur nächtlichen Foto-Aktion am Schwarzenbergplatz«, sagt die Richterin: »Was sollte das sein?« Der Zeuge: »Sie hat um Mitternacht angerufen und gesagt, sie ist so…« Die Richterin: »Sagen Sie's – geil!« Der Zeuge: »Ihr sehnlichster Wunsch war Geschlechtsverkehr auf meinem Schreibtisch.« Die Richterin: »Der steht aber nicht am Schwarzenbergplatz.« Der Zeuge: »Nein.«

Die Richterin: »Also wie kommt das Russendenkmal in den Sekretärinnenreport?« Der Zeuge: »Wir haben uns dort getroffen, und ich hab' drei Fotografen mitgenommen, um zu dokumentieren, daß mit der Frau etwas nicht in Ordnung ist.«

Die Richterin: »Und was war dort?« Der Holländer: »Sie hat sich in Rekordzeit splitterfasernackt ausgezogen.« Die Richterin: »Am sechsten Jänner.« Der Zeuge: »Ja, bei minus sechs Grad.« Die Richterin: »Sex hinter dem Russendenkmal bei Polarkälte – ich glaub' ich bin erotisch doch nicht vollständig aufgeklärt.«

Frau Renate behauptet, der Holländer habe ihr die Kleider vom Leibe gerissen, ehe sie von allen Seiten abgelichtet wurde. Die Richterin hält die Fotos in der Hand und überzeugt sich vom Gegenteil. »Da sieht man fein säuberlich heruntergerollt Strapse, oder wie das Zeug heißt.« Der jungen Staatsanwältin ist das alles zu viel: »Ich brauch' einen Sachverständigen.«

22. 8. 1991

Sie sollten sich schämen

Ein Reicher bricht ein

Er wollte es wieder einmal wissen. Jetzt weiß er es. Es geht ihm unheimlich schlecht dabei. Er würde sich gern unsichtbar machen. Herr Ferdinand, 52, steinreicher Kaufmann, glücklicher Familienvater. Einer, dem das Leben (nach objektiven Maßstäben) gelungen ist. So einer muß immer wieder kriminell werden, um sich zu spüren. Viermal Diebstahl. Neuerdings Einbruch, Widerstand und Körperverletzung.

Jetzt steht er vor dem ratlosen Richter, gepeinigt von seiner eigenen Moral, und bettelt um Vergebung.

Erbeuten will er des Erbeutens und niemals der Beute wegen. Das unterstreicht ein Pinsel im Wert von 3,60 Schilling, den er vor einigen Jahren gestohlen hat, um erwischt zu werden, um vorbestraft zu werden, um sich zu genieren.

Im April war es wieder so weit. Da schlug er am Wiener Graben mit einem Eisenstab die Auslagenscheibe eines Kleidermodengeschäfts ein. Am hellichten Tag. Passanten durften zusehen. Bei der Wahl der Beute ließ er sich Zeit, damit die Polizei alarmiert werden konnte. Als er das Lokal verließ, war sie schon da.

Einem Beamten warf er das Eisen ins Gesicht. Beim Verhaften tat er nicht ordentlich mit. Aber insgesamt lief die Sache, wie geplant. Selbstverständlich hat er den Schaden großzügigst beglichen. Der Polizist bekam für seine geschwollene Nase 40.000 Schilling.

Heute bereut Herr Ferdinand bitter. »Meine Tochter bekommt ein Kind«, jammert er. »Ich werde Großvater. Meine Schwiegermutter war beim Papst in einer Privataudienz. Wir sind katholisch.« Er schluchzt. Er will nicht ins Gefängnis. Diesmal muß er. Neun Monate Haft, drei davon unbedingt. »Vielleicht hilft's«, sagt der Richter. Mehr kann er für ihn nicht tun.

23. 7. 1996

Oma verteilt Kokain

»Wo soll ich Platz nehmen?« fragt die vornehme 79jährige Dame. Billeteure, wie in der Oper, gibt es hier keine. Wenigstens ist ein entfernter Verwandter von Ödön von Horváth anwesend: Der Staatsanwalt möchte bei dieser Gelegenheit darauf hinweisen, »daß wir nicht erst seit den ›Geschichten aus dem Wienerwald‹ wissen, daß Großmütter nicht immer gut sind«. Mit den (direkteren) Worten des Richters: »Sie sollten sich schämen!« Oma tut es. Sie hat mit sieben Gramm Kokain ihres Enkerls gedealt. Dafür sechs Monate bedingte Haft.

»Das ist eine menschliche Tragikkomödie«, sagt die rüstige Pensionistin mit theatralischen Gesten: »Ich bin in diese Sache hineingeschlittert.«

Erstens will sie nur im Auftrag ihres Enkerls Christopher, der in Amerika weilte, gehandelt – und zweitens nicht gewußt haben womit. Daheim »in der Speis« hing ein braunes Sackerl, »da war so ein weißer Stein drin, und so ein bisserl ein Pulver«. Davon sollte sie nach Christophers Anweisungen Kostproben an das befreundete Brüderpaar Niki (20) und Boris (16) verteilen. Diese wiederum sollten auf der Uni und in der Schule Kundschaft erschließen. Als Oma das Pulver (professionell auf einer elektronischer Waage) portionierte, da will ihr »ein Licht aufgegangen« sein: »Um Gottes Willen, das ist eine Sache mit Rauschgift.«

»Warum geben Sie Kindern Drogen?« fragt der Richter böse. »Ich bin von der Situation überrascht worden«, sagt die Großmutter weinerlich. »Ihre Vorbildwirkung, die man ihnen mit 79 zugestehen sollte, war gleich null«, schimpft der Richter. »Ja, ich weiß«, jammert die Angeklagte: »Ich bereue es.«

Für die beiden Brüder aus gutem Hause war dies der erste Kontakt mit Suchtgift. Zum Glück petzte die Schwester. Und der Vater räumte auf.

Schlimmer erging es Christopher. Er wurde wegen Kokainhandels zu drei Jahren und zehn Monaten Haft verurteilt. In der Wohnung der Oma wurden 3,5 Kilo Kokain gefunden. Davon dürfte sie allerdings nichts gewußt haben.

11. 9. 1997

Leopoldines Verunsicherung

Hermine war 90, die Schwester ruhte in Frieden auf dem Zentralfriedhof. Das Grab war tiptop, die Chrysanthemen verblühten niemals, die Kerze brannte immer. Und Hermine war begräbnisversichert. Das Grab ihrer Schwester und später auch ihr eigenes würden von geschickten Gärtnerhänden weitergepflegt werden.

Aber wie lange? – Leopoldine warf diese Frage auf. Sie war damals 70 und ist heute noch voll bei Kräften. Wer es nicht glaubt, frage Richter Wachsmann. An ihm hat sie am Mittwoch die Grenzen menschlicher Selbstbeherrschung ausgelotet.

Am Grab der Schwester sprachen die Damen von der Vergänglichkeit. Und Lepoldine versicherte der 90jährigen, daß deren Begräbnisversicherung mit Sicherheit nicht sicher genug sei. Hermine war verunsichert. Zum Glück war Leopoldine branchenkundig – und kannte eine viel bessere Grabversicherung: »Zehn Jahre lang garantiert optimale Pflege.« Was blieb Hermine übrig? – Aufkündigen und umsteigen. Leopoldine erklärte sich bereit, die Sache in die Hand zu nehmen.

Sie löste die alte Versicherung auf, bekam dafür 43.490 Schilling – und gab sie nie wieder her. Der Richter wollte diese Vorgangsweise zunächst »Untreue« nennen, entschied sich aber schließlich »mit ruhigem Gewissen« für »Schweren Betrug«: drei Monate bedingte Haft für die 72jährige.

Dabei fühlt sich Leopoldine vom Schicksal ohnehin schon genug bestraft: Sie läßt die 43.000 aus praktischen Gründen auf ihr eigenes Sparbuch überweisen. Hebt dann das Geld ab, um es der (mittlerweile schon bettlägrigen) Hermine zu übergeben. Was passiert? – Sie wird überfallen und ausgeraubt.

Der Bankbeamte beweist vor Gericht, daß sie gar nichts abgehoben hat. Leopoldine sagt: »Oh ja, hab' ich schon!« Den Raub hat sie zunächst »aus Angst« überhaupt nicht angezeigt. Dann sollen ihr nur ein paar tausend Schilling gestohlen worden sein. »Hätte ich die ganze Summe angegeben, hätten die Räuber gewußt, daß ich viel Geld hab' und hätten mich gleich noch einmal überfallen.«

»Haben Sie ihr schon was zurückgezahlt?« fragt der Richter. »Ja, aber sie nimmt's nicht«, klagt Leopoldine. »Sie stehen mit Ihrer Verantwortung schlecht da«, erkennt sogar der Verteidiger.

Und der Richter hält fest: »Ihr Verantwortungsgebäude aus Schutzbehauptungen ist zusammengebrochen.«

15. 9. 1994

Drei Bananen und eine Ohrfeige

Frau Elsa ist aufgeregt. Wahrscheinlich schon seit vielen Jahren. Sie zählt zu jenen älteren Menschen, für die Kommunikation untrennbar mit Beschwerde verbunden ist und in deren Stimme der stete Unterton des Jammerns mitschwingt.

»63 Jahre muß ich alt werden, um so was zu erleben«, merkt sie leidvoll an. »So was« bedeutet: Nicht sie ist es, die (chronisch und deshalb völlig zu Recht) klagt, sondern die Staatsanwaltschaft. Natürlich völlig zu Unrecht. Frau Elsa soll eine Diebin sein. Zum Heulen ist ihr zumute.

Beim »Mondo« war sie einkaufen. (Schon dieser Umstand klingt aus ihrem Munde wie eine Tragik an sich.) Eigentlich wollte sie wegen zwei Schoko-Weihnachtsmännern reklamieren. Zur Beschwerde rüstete sie sich unter anderem mit drei umstrittenen Bananen aus. Die wurden an der Kassa nicht angenommen. Begründung: Sie waren einzeln und ungewogen. Die Kundin hatte sie von einem der etikettierten und zum Verkauf bestimmten Stämme abgebrochen. Für Frau Elsa war der Zeitpunkt gekommen, sich nicht bei, sondern über die Frau an der Kassa zu beschweren – und zwar, weil es das nächstliegende war, bei ihr selbst: »Sie sind Ausländerin, mit Ihnen red' ich nicht mehr, ich will mit einer Österreicherin sprechen, oder gibt's hier keine?«

Gleichsam als Antwort nahm die Angestellte der Tobenden die Bananen weg und legte sie auf eine unbesetzte Nebenkassa. Am Höhepunkt der Wut war Frau Elsa entschlossen, unter Einsatz von Körperkraft um die Ware zu kämpfen. Die Anklage weiß von zumindest einer Ohrfeige zu berichten. Die 63jährige Rentnerin beharrt weinerlich darauf, die Kassierin »nur gefaßt und fest geschüttelt« zu haben.

Dabei dürften die Bananen unglücklich in den Einkaufskorb der Kundin gefallen sein. »Ich hab' sie bezahlt«, jammert Frau Elsa. Hätte sie gewußt, daß sie heute hier stünde, hätte sie den Kassabon aufgehoben, klagt sie. »Dann könnt' ich's beweisen.«

Weil die Zeugin nicht erscheint, wird der Prozeß vertagt. »Muß das sein?« fragt Frau Elsa kummervoll. »Es muß«, jammert der Richter.

7. 6. 1995

Unzucht eines in Ehren Ergrauten

»Mein Mandant ist ein gläubiger Mensch«, schwört der Verteidiger. »Was wollen Sie damit sagen?« fragt die Richterin. »Die Kirche empfiehlt den Umgang mit, äh, kleinen Kindern«, erklärt der Anwalt. »Als Angehörige dieser Glaubensgemeinschaft fühle ich mich persönlich beleidigt«, poltert die Richterin: »Oder habe ich Sie soeben grauslich mißverstanden?« – Es geht um Unzucht mit Unmündigen.

Herr Thaddäus ist 75 Jahre alt und »in Ehren grau geworden«, sagt der Anwalt. Soll heißen: »Keine einzige Vorstrafe.« Ins Döblinger Bad wird man wohl noch gehen dürfen. Dort (und auch im Dianabad) vertreibt sich eine Gruppe von in Ehren grau Gewordenen die Zeit. Am liebsten im Massagebecken. »Ins Kinderbecken trauen sie sich nicht – zu viele Mütter, zu gute Aufsicht«, sagt Erwin, ein junger Magister und Bademeister. Er kennt und beobachtet die Senioren schon lange beim »Spielen«.

Am leichtesten tasten sie sich an Kleinkinder aus unteren Schichten und an jene, die (nur) von ihren älteren Geschwistern beaufsichtigt werden, heran. Erwin hat solche Fälle wiederholte Male zur Anzeige gebracht – und sich damit immer wieder Prozesse wegen Verleumdung eingehandelt. Jetzt schreitet er nur noch ein, wenn die Initiative vom Opfer ausgeht.

Herr Thaddäus hat der fünfjährigen Greta am 21.5.1993 »nur das Schwimmen beibringen wollen«, sagt er. Dabei muß er in einen unglückseligen Strudel unabsichtlicher Berührungen geraten sein. »Mein Mandant ist aufgrund seines Alters gar nicht in der Lage, äh…«, sagt der Anwalt.

Die Kleine lief jedenfalls sofort zur Mutti und erzählte, was der alte Mann mit ihrer Hand gemacht hat. Gretas Eltern verständigten daraufhin die Polizei.

Erwin hat die Szene beobachtet und den 75jährigen dann auch noch unter der Dusche mit einem anderen Kind erwischt.

Die Polizei kam – und stellte im Badekästchen des Herrn Thaddäus eine geladene Pistole sicher.

Die Richterin fällt »zum Schutz der Kinder und zur Abschreckung für andere potentielle Päderasten« einen Schuldspruch: Acht Monate bedingt. Der grau gewordene Mann nimmt das Urteil an. Ehrensache.

10. 9. 1993

Er wollte Kanzler sein

Herr Emmerich darf über Politik reden. An seinem grünen Jogginganzug mit weißen Streifen soll sich keiner stoßen. Der Ingenieur kommt nicht vom Parteitag, sondern aus der U-Haft-Zelle. Man sagt ihm gefährliche Drohungen nach.

Herr Emmerich wäre gern Bundeskanzler geworden. Wenn er ehrlich ist, hatte er bis zuletzt geglaubt, daß er es wird. »Wie hätte das funktionieren sollen?« fragt der Richter. »Persönlichkeitswahlrecht«, erwidert der Pensionist. In der Parteizentrale und im Gewerkschaftshaus hat ihn ohnehin schon jeder gekannt. Dort hatte er (beim Kopieren) ein paar starke Auftritte. Einmal hat er den ÖGB-Präsidenten zur Seite geschubst. »Ich bereue es nicht«, sagt er.

»Wie wäre das gewesen, mit Ihnen als Kanzler?« fragt der Richter. Besser als jetzt. »Das ganze System gehört ein bißchen verändert«, meint Herr Emmerich: »Die menschliche Vernunft müßte endlich siegen.«

Die Staatsverschuldung ist dem Sozialdemokraten seit jeher ein rotes Tuch. Schon dem Kreisky hab' ich's geschrieben. Der hat mir zurückgeschrieben: »Andere Staaten haben noch mehr Schulden«. – »Da kömma uns was kaufen drum!« Das Modell Emmerich hätte einen 50prozentigen Gehaltsverzicht aller

Besserverdiener vorgesehen. »Und um das Geld hätten wir die Schiffswerft Korneuburg ausgebaut, die schaut ja traurig aus.«

Beim Energiesparen ging er mit gutem Beispiel voran. Als die Appelle an seine Mitbewohner am schwarzen Brett nicht fruchteten, schraubte er in den Stiegenhäusern die Glühbirnen heraus. Als Dank dafür wurde er delogiert. Der jungen Richterin, die dies bewirkte, schrieb er eine Mischung aus Droh- und Liebesbriefen. »Nichts Schmutziges, ich wollte sie heiraten.« – »Wie kommen Sie auf die Idee?« fragt der Richter. »Mir hat sie gefallen«, erwidert er: »Und zu zweit löst sich oft alles von selbst.«

Leider war die Juristin nicht einverstanden. – Herrn Emmerich wurde ein Hausverbot erteilt. Der Gerichtsvorsteher, der als Trauzeuge vorgesehen war, erhielt daraufhin einen Brief mit den Worten: »Ich kann für nichts mehr garantieren.« – »Wie haben Sie das gemeint?« fragt der Richter. »Ich wäre zur Vera Rußwurm gegangen«, sagt der Ingenieur.

»Seiner« Richterin gegenüber wurde er noch eindeutiger: Er lasse sich nicht länger frotzeln, er werde seine Maschinenpistole in Anschlag bringen, keiner werde das Gebäude lebend verlassen. »Was sagen Sie dazu?« fragt der Richter. – »Karl May war auch ein Dichter. Er hat das auch alles nicht erlebt, was er geschrieben hat.«

»Sind Sie schizo-affektiv?« fragt der Richter. »Nur wenn ich zornig bin«, erwidert Herr Emmerich. »Und glauben Sie eigentlich noch immer, daß Sie Kanzler werden?« – »Im Prinzip ja. Derzeit schaut's aber ein bißchen schlecht aus«, weiß der Betroffene. Er kommt in eine Anstalt für geistig abnorme Rechtsbrecher.

30. 4. 1997

Putzis Kindergarten-Cop

Der Psychiater erklärt fachgerecht, daß sich Herr Josef in einem dauerhaften Übergangsstadium zwischen normal und schizophren befindet. Um das Mikrophon des Schwurgerichtssaales beim Mund zu haben, biegt man üblicherweise das Metallgelenk und nicht sich selbst bis in Bodenlage. Aber sonst geht es dem 47jährigen gut.

Die sieben Baumgartner Höhen sind Vergangenheit. »Das war, weil ich mich im Donauzentrum ausgezogen hab'«, erinnert sich der Frühpensionist. »Nackert«, ergänzt er, als wollte der Richter mehr davon wissen. Seit vier Jahren ist Herr Josef verheiratet, aber sie leben noch immer getrennt, »weil meine Frau die Wohnung noch nicht aufgeräumt hat«. Ein Kind hat er ebenfalls, »24 oder 26 Jahre alt«. Herr Josef erinnert sich noch gut an die »Alimentation«.

Und dann gibt es Putzi. Er war es, der ihm zugeredet hat, den Kindergarten in Wien-Donaustadt auszurauben. Er hat gesagt, da gebe es 10.000 Schilling zu holen. »Wer ist Putzi?« fragt der Richter. »Ein Freund«, sagt der Pensionist. »Und wo ist er?« – »Der ist schon tot, das war tragisch, der ist in eine Straßenbahn reing'rennt.«

Putzis Idee wurde im Wagramer Stüberl geboren, »nach dem neunten Bier«. Herr Josef holte sich von daheim ein Bajonett, besuchte den Kindergarten, hielt der Tante die Waffe entgegen und sagte: »Geld her.« Die Frau erwiderte: »Leider, ich hab' nur Spielsachen.« Darauf entgegnete Herr Josef: »Nein danke«, steckte sein Messer ein und ging.

Urteil: Gefährliche Drohung, zehn Monate Haft. »Wäre Geld da gewesen?« fragt der Richter die Kindergärtnerin. »Freilich«, sagt sie, »200.000 Schilling.« – Herr Josef schlägt die Hände vor dem Gesicht zusammen. Putzi hatte also recht.

24. 8. 1994

»Entweder es ist Unbesonnenheit«, sagt der Verteidiger. Herr Alfred schneidet Grimassen. »Oder es ist Bösartigkeit.« Der Angeklagte schaut finster drein. »Oder es sind irgendwelche Gelüste.« Er streicht mit der Zunge über die Oberlippe. »Aber es ist mir nicht gelungen herauszufinden, warum er es wirklich tut.« Diebstahl, monatelang, täglich, alles. – Da schmunzelt der 68jährige triumphierend.

»Sie sind der Schrecken von Meidling«, sagt der Richter. Der Pensionist fühlt sich geschmeichelt. Die Geschäftsleute schickten der Polizei bereits Unterschriftenlisten. Sie hielten Herrn Alfreds »andauernde grobe Belästigung durch Diebstähle« nicht mehr aus.

Die Staatsanwaltschaft legt nur einen kleinen repräsentativen Querschnitt aus der jüngsten Schaffensperiode des Kleptomanen vor. Tatorte: Straße, Kirche, Spital, Kaufhaus, Markt, Keller, Stiegenhaus, Wachstube. Gegenstände: Mantel, Fahrrad, Skier, Kühltasche, Fußpumpe, Kinderbücher, Schürze, Fotoalben, Haarkämme, Stirnband, Eiskratzer, Tennisbälle, Christbaum, Türreisigkranz.

»Beim Chinesen haben Sie nichts gestohlen?« fragt der Richter. – »Nein, nur gegessen«, sagt Herr Alfred. » Ohne zu zahlen!« – »Das Essen war eh net gut.«

»Und was war mit dem Herrn Bremer?« fragt der Richter. »Der Brehme ist der Außendecker bei der deutschen Nationalmannschaft«, erwidert Herr Alfred.

Die gestohlenen Gegenstände will er »verschenkt oder getauscht« haben. Gebraucht hat er sie selten, Geld hatte er genug. »Wie geht's mit Ihnen weiter?« fragt der Richter. »Ich werde in die Karibik auswandern«, meint der 68jährige.

Das Urteil: drei Monate unbedingt (schon verbüßt), sechs Monate bedingt. »Das heißt, ich darf erst nach sechs Monaten wieder was nehmen?« »Nein!« ruft der Richter. »Ich tu's eh nimma«, meint der Pensionist. »Das werden wir heute abend schon wissen«, erwidert der Richter. Ob Herr Alfred noch etwas sagen will? – »Ich hab' Hunger.«

23. 8. 1994

Herr Josef und die Zigaretten

Herr Josef ist in Wien-Erdberg ncahts beim versuchten Einbruchsdiebstahl erwischt worden: Einbruch in einen Zigarettenautomaten. »Er wollte das Geld, logisch«, sagt der Staatsanwalt. »Nein, die Zigaretten, ehrlich«, beteuert der Angeklagte.

»Jetzt waren S' zehn Jahre brav, wieso dann sowas?« fragt die Richterin. »Ich wollt' nur Zigaretten, ehrlich«, sagt Herr Josef.

Er sei schon im Bett gelegen, habe getrunken, habe geraucht, habe ferngesehen. Der Film ging aus, die Zigaretten gingen aus. Er zog sich den Mantel über den Pyjama, eilte zum Automaten, warf drei Zehner ein, drückte den Knopf. – »Und es kam nichts, ehrlich!«

»Es war zwei Uhr nachts, was brauchen S' da unbedingt Zigaretten? Wären S' schlafen gegangen«, meint der Staatsanwalt. – Tat er nicht, sondern holte Verstärkung: einen Schraubenzieher, einen Hammer, ein Rundeisen. »Da werken S' wie der Wilde, nur wegen einem Packerl Jonny? Geh' hören S' auf«, sagt der Staatsanwalt. »Ich wollt' kein Geld, ich wollt' rauchen!« zürnt Herr Josef. Doch die Funkstreife kam dazwischen.

»Gescheiter wäre es, zu sagen, ich war's, und es tut mit leid«, meint die Richterin. Herr Josef überlegt kurz und sagt: »Ich war's, und es tut mir leid.«

Urteil: ein Jahr Haft bedingt. »Ist das nicht ein bißchen viel?« fragt Herr Josef. »Es ist bedingt, Sie dürfen sich nur drei Jahre nichts Strafbares leisten«, erwidert die Richterin.

»Aber ich trink' Alkohol und ich steh' dazu«, trotzt Herr Josef, »denn ich bin Frührentner, und mir ist fad den ganzen Tag. Und wenn ich sauf', dann mach' ich hie und da einen Blödsinn.« – »Dann müssen S' aufhören zum Saufen«, sagt der Staatsanwalt, »tut mir leid.«

8. 5. 1993

Hat er das Feuer gemeldet

Markus, allein mit Feuerzeug

Frau Gerlinde ist geschieden und hat drei Kinder, »sieben, fünf und eins«. Von »Sieben« erfährt man nichts. Für »Eins« gab es keinen Babysitter. Also steht neben der Verteidigerbank im Gerichtsraum ein besetzter Kinderwagen, aus dem es in allen Klangfarben eine halbe Stunde lang »Mama« tönt, bis die Verhandlung mit einem eilig herbeigeführten Freispruch für Frau Gerlinde endet.

Bleibt »Fünf«: Das ist Markus. Der steht nach zwei von ihm verursachten Zimmerbränden unter Beobachtung. Die einen attestieren eine »gewisse Verhaltensauffälligkeit im Sinne des Zündelns«, andere wieder sehen in ihm einen »fröhlichen, gut motivierbaren« Buben, der vielleicht mit etwas zuviel Feuereifer an die Dinge des Lebens herangeht.

Wieder andere verwenden das garstige Wort »Pyromane«. Jene sind es, deretwegen Frau Gerlinde vor Gericht steht. Fahrlässige Herbeiführung einer Feuersbrunst, nennt es die Anklage. Irgendwo ist ein Feuerzeug herumgelegen.

Beim ersten Mal brannte daheim der Vorhang. Da war Markus drei und fand es lustig. »Er ist ein aufgewecktes Kind«, sagt Frau Gerlinde dazu: »Im Hof nimmt er den Kindern das Spielzeug weg.« Daheim zündelt er.

»Was war am 21. August?« fragt die Richterin. »Da hab' ich die Küche geputzt«, antwortet Frau Gerlinde. »Was hat Markus gemacht?« – »Video im Kinderzimmer, ein Märchen.« »Und was hat er wirklich gemacht?« – »Den Teppich im Wohnzimmer angezündet.« »Was haben Sie bemerkt?« – »Eine Stichflamme.« »Was hat gebrannt?« – »Alles.«

»Wo war Markus?« – »Der ist beim Fenster raus und über den Blitzableiter ins Freie.« »Hat er das Feuer gemeldet?« – »Nein.« – »Haben Sie gewußt, daß er es war?« – »Ja.« »Wieso?« – »Weil er ein Lausbub ist.«

Die Wohnung in der Malfattigasse brannte komplett aus, der Schaden betrug 2,5 Millionen Schilling. Markus wurde von einer Kriminalbeamtin einvernommen. »Er war stolz«, sagt sie. Er sah sieben Feuerwehrautos auf einmal.

Den Freispruch verdankt Frau Gerlinde erstens dem Feuerzeug, von dem nicht klar wird, wo Markus es aufgestöbert hat. Und zweitens dem Baby, das nebst Mama-Rufen immer ungestümer gegen das Verteidigerpult klopft. »Haben Sie kein Spielzeug für die Kleine?« fragt die Richterin entnervt. »Nein, leider«, sagt Frau Gerlinde. (Nicht einmal ein Feuerzeug.)

28. 1. 1993

Roland am Brennpunkt

Zwölfmal hat es in der Wiener Volksoper gebrannt. Niemals war Roland der Zündler. Sein Verteidiger, dessen Angeklagte prinzipiell nicht geständig sind, weil sie prinzipiell unschuldig sind, kann es bestätigen. »Haben Sie einen Zwillingsbruder?« fragt die Richterin den 26jährigen. – Auch das nicht.

Roland hat in der Volksoper drei Jahre als Gebäudeinspektor gearbeitet. Der Job hat ihm so »großen Spaß« gemacht, daß ihm der miserable Verdienst egal war. Zugegeben, Aufstiegschancen gab es keine, aber das hat ihn nicht weiter gestört. Zugegeben, er wollte kündigen, aber nur, um anderswo mehr Geld zu verdienen. Er hat sich in der Oper also sauwohl gefühlt – und hatte nicht die geringste Veranlassung, Feuer zu entfachen.

Mitte 1994 begann es hinter der Bühne zu brennen. Erst ein paar Rollen Klopapier, ein paar Wochen später eine Plüschverkleidung, dann ein Mistwagen, danach einige Holzkästen und schließlich – der Höhepunkt – zwei Requisitenpferde für den »Mann von La Mancha«. Gesamtschaden: 360.000 Schilling.

Roland hatte an den heißen Tagen stets Dienst und war zufällig immer am jeweiligen Brennpunkt des Geschehens. Er geleitete die Feuerwehrleute zu den verstecktesten Herden und roch sogar Flammen, die erst im Begriff waren zu entstehen. Bald kam jemand auf die Idee, der eifrige Aufspürer selbst könnte der Brandleger gewesen sein.

Bei der Polizei passierte Roland eine Ungeschicklichkeit: Er legte ein umfassendes Geständnis ab, erklärte 13 Seiten lang, wo, wie und warum er was angezündet hatte. Und er nannte Details, die nur der Täter selbst wissen konnte.

Roland tat dies in einer »Streßsituation«. Die Beamten hatten gemeint, ein Geständnis wäre klüger als keines. Roland würde ohnehin mit »Sachbeschädigung« davonkommen, die strengere »Brandstiftung« bliebe ihm erspart. Sicher, die Richterin hat schon recht, wenn sie meint: »Am klügsten ist es zu sagen, ›Ich war es nicht‹, wenn man es nicht war.« – So gesehen ist Roland, dank Anwalt, ziemlich klug geworden. Leider zu spät: ein Jahr bedingt wegen Sachbeschädigung.

3. 6. 1995

Frau Heli und die Brandstifter

Mit Frau Heli, der Putzfrau, steht und fällt der Geschworenenprozeß. Dank Frau Heli ist es bei der versuchten Brandstiftung geblieben, wegen (und gegen) Frau Heli ist es zum versuchten Mord gekommen. »Schillers-Bierpub« in Wien-Margareten sollte brennen, die Putzfrau kam dazwischen. Dank Frau Heli hat man zwei Angeklagte, den Lokal-Besitzer und den Pächter. Ob sie die Täter sind, war umstritten – wegen Frau Heli. Sie war sich ihrer Angaben zwar immer sicher, doch sie machte nicht immer die gleichen Angaben.

Am 5. Juni 1990 gegen acht Uhr früh sperrte sie unangekündigt das Lokal auf, erschrak und erschreckte zwei Männer. »Frau Heli, was machen Sie da?« soll einer aus der Billardstube gerufen haben. »Jössas, der Chef«, erkannte sie mit jeweils zehn Dioptrien, aber dafür ohne Augengläser.

»Meiner kann es gar nicht gewesen sein«, sagt der Verteidiger über Mandant Thomas B., den verschuldeten Pächter des Lokals. »Meiner war um acht Uhr 17 einkaufen in Kagran.« Dafür gibt es einen Kassabon als Beweis.

»Sind Sie sicher, daß er es war?« fragt der Richter die Zeugin. »Jetzt wieder nimma mehr«, sagt sie, »vom Gefühl her, von der Situation her war es damals der Herr B. Aber inzwischen hab' ich viele ähnliche Männer gesehen.«

B. (oder ein ähnlicher) habe damals gerufen: »Scholda, was mach' ma jetzt mit ihr?« – Daher der Zweitangeklagte: Gerhard Scholda, der Besitzer. Sein Anwalt glaubt, das Mißverständnis aufklären zu können: Der Mann habe »Schau Oida« nicht »Scholda« gesagt. »›Schau Oida‹ sagt man in so einer Situation nicht«, entgegnet der Staatsanwalt, »›Schau Oida‹ hat etwas Ruhiges, nichts Aufgeregtes.« Auch die Putzfrau bleibt dabei: »›Schau Oida‹ hat einen Zwischenraum, bei ›Scholda‹ war kein Zwischenraum.«

Jedenfalls habe sie plötzlich eine Drahtschlinge um den Hals gespürt. (Der Richter packt den Kleiderbügel aus, an dem noch ein Schopf Haare hängt.) Und man habe ihr eine »große schwielige Männerhand« ins Gesicht gedrückt. Die beiden Angeklagten halten den Geschworenen mit ruhigem Gewissen ihre »Patschhändchen« entgegen. Frau Heli verlor das Bewußtsein. Als sie nach etwa einer Stunde zu sich kam, hatte die Feuerwehr das Glosen unter Kontrolle.

Scholda will zum Tatzeitpunkt daheim gewesen sein, das könnte sogar ein Rauchfangkehrer bestätigen. Außerdem fehle dem Bierstuben-Besitzer das Motiv für die Brandstiftung: Das Lokal war unterversichert.

B. gibt an, von der Polizei mit Schlägen in den Bauch zu einem Geständnis gezwungen worden zu sein. »Warum hat man Sie nicht in den Bauch geschlagen?« wird Scholda gefragt. »Ich hab' dem Polizisten gesagt, ich hab' ein Zwölffingerdarmgeschwür«, antwortet er. Die Geschworenen fällten zwei Freisprüche.

6. 4. 1993

Genie und Feuer

»Ich weiß zwar noch nicht, wie der Prozeß ausgeht«, sagt der Vorsitzende ein paar Stunden vor dem Urteil, »aber was Sie getan haben, war eine wirklich großartige Sache!«

Der Richter meint nicht die Taten des Angeklagten Peter F. (24). Auch nicht den Beitrag seines ehemaligen Produktionsleiters Josef S. (28), der darauf brannte, Mercedes zu fahren. Er meint die Recherchen des Gendarmeriebeamten von der Kriminalaußenstelle St. Pölten. Sie hatten – unter anderem – entmythologisierende Wirkung.

Nicht stimmt, daß Mäuse an den elektrischen Kabeln in der Papierfabrik Wimpassing so lange geknabbert hatten, bis das Gebäude am 23. April 1989 in Flammen aufging. Das hatte sich Peter F. damals »gut vorstellen« können. Der Gendarm nicht.

Nicht stimmt, daß der Angeklagte einen Versicherungsbetrug »doch gar nicht notwendig« gehabt hätte. Nicht stimmt, daß er in Geld schwamm. Wahr ist vielmehr, daß er finanziell schwamm. 80 Millionen Schilling besaß er bei seiner Verurteilung weniger als gleichaltrige Durchschnittsbürger, etwa Studenten.

Nicht stimmt also, daß Peter F. ein Wirtschafts-Wunderkind, ein Unternehmergenie ist, was die Banken kreditwillig glaubten, was der zweite Angeklagte Josef S. glaubte, was Peter F. selbst am meisten glaubte und wohl noch immer glaubt, jetzt, einsam, in der Anklagebank.

Nicht stimmt, was Josef S. am Anfang über das Brennen des Firmengebäudes gesagt hatte: Er wisse nichts davon, er habe nichts damit zu tun. Wahr ist: Er hatte damit zu tun. Er hatte das Feuer gelegt. Er mußte es dem Gendarm schließlich sagen. Es brach aus ihm heraus.

Trotz des langatmigen Plädoyers des Verteidigers befanden die Schöffen am späten Nachmittag, daß sich Peter F. des schweren Betruges und der schweren Nötigung schuldig gemacht hat. Das Urteil: fünf Jahre unbedingter Haft. Für den zweiten Angeklagten lautete das Urteil 26 Monate. Die ausbezahlte Schadenssumme von 21,2 Millionen Schilling muß der Versicherung retourniert werden.

24. 11. 1990

Geh mir aus der Schußlinie

Der Meidlinger Stahlkugel-Regen

Von einem Wohnhaus in der Meidlinger Hauptstraße hat jemand mit einer Schleuder Stahlkugeln auf Ausländer geschossen. Das war im August und wiederholte sich eine Woche lang jeden Abend. Zwei Verletzte meldeten sich. Ein Schaufenster wurde durchlöchert. Die Polizei war im Streß. Tatmotive hätten viele Anrainer gehabt. Es war heiß, man konnte nicht schlafen, draußen war es bis spät nachts laut. Noch dazu auf türkisch.

Die Staatsanwaltschaft präsentiert dem Richter den Ernstl als Täter. Andere Richter hätten den 32jährigen gleich verurteilt. Immerhin liegt ein Polizei-Geständnis vor. »Es Tschuschen gebt's a Ruh«, soll er geschrien haben. Haßgefühle soll er bekommen haben. Bis er zur Schleuder griff. So steht es im Protokoll.

»Es ist folgendes«, sagt Ernstl zum Richter, »erstens war i des gar net, weil sowas tät i nie. Zweitens hams mich bei der Polizei g'schliffen, sieben Stunden, mir war schlecht, i hab' an Alkohol braucht. ›Wennst unterschreibst, kriegst a Bier‹, hams g'sagt. Die ham den Schuldigen net g'funden, also hams mich g'nommen.«

Andere Richter werden nach so einer Aussage wütend. Dieser beginnt sich für Ernstl zu interessieren. Arbeitslos ist er. »Meine Leber is hin«, sagt er. »Vom Saufen?« fragt der Richter. – »Ja leider.« »Wann haben Sie angefangen?« – »Beim Bundesheer.« »Wieso?« – »I hab' die falsche Kasern' erwischt.«

Das mit der Schleuder war er wirklich nicht, beteuert er. »Ich hab' nie eine g'habt. Ich hab' schon in der Schul' nur mit den Gummiringerln g'spielt.« Und die Ausländer? – »Ich bin kein Türkenhasser. Das sind meine besten Freund', mit denen geh' ich Fußball spielen«, sagt er.

Fevzi und sein Sohn Remzi, die beiden Opfer, bestätigen das. Sie mögen Ernstl. Sie hatten sich gewundert als sie erfuhren, daß er es gewesen sein soll.

Ernstl wohnt im siebenten Stock. Das wiederum paßt mit dem Einschuß-Winkel nicht zusammen. Der Richter vertagt für einen Lokalaugenschein in der Meidlinger Hauptstraße. Und er will die Polizisten hören.

3. 3. 1994

Stefan suchte Anschluß

»Sie sitzen hier so bequem und genießen die Vorteile des Rechtsstaates«, sagt der Richter zum Angeklagten. »Was paßt Ihnen nicht an Österreich?« – Stefan ist überfragt. Eigentlich ist eh alles in Ordnung. Bis auf den Prozeß natürlich. Altlasten. Er war bei den Neonazis dabei. Aus gesellschaftlichen Gründen. »Politisch hab' ich nix am Hut«, sagt er. Leider sagen sie das alle.

Der Richter war früher Pfarrer. Er predigt Moral. Kann hier nicht schaden. Der große Schwurgerichtssaal ist mit Schülern gefüllt. Vielleicht waren sie von ihren Lehrern vorgewarnt worden: Hätte ja sein können, daß hier wieder ein Richter die Auschwitzlüge zu bagatellisieren versucht.

»Erzählen Sie ein bißchen von der Familie«, sagt der Richter: »Sind Sie ein Einzelkind?« – Erraten. Stefan fehlten Geschwister. Er suchte Anschluß. Und fand Gottfried Küssel.

»Was hat Sie in diese rechtsextremen Kreise geführt?« fragt der Richter. Stefan probiert es mit: »Dort gab es einen Tischtennistisch.« Kommt nicht gut an. Zweiter Versuch: »Ich war damals der Ansicht, daß zu viele Ausländer in Österreich sind.« Jetzt darf der Richter: »Was glauben Sie, wenn wir keine Ausländer hätten?« Stefan: »Ich weiß, der Arbeitsmarkt würde zusammenbrechen.« Der Richter: »Wir könnten unsere Spitäler zusperren.« Stefan nickt.

Über solche Dinge hat er damals nicht nachgedacht. Küssels VAPO war für ihn »die absolute Wirtshauspartie«, jede Sonnwendfeier »ein mittleres Saufgelage«. An seinem Ring hat ihn mehr der Totenkopf fasziniert, weniger das Hakenkreuz. Von der NS-Ideologie will er nicht viel mitbekommen haben. »Geh, geh«, sagt der Richter: »Ich kann nicht Katholik sein und nicht an Gott glauben.«

Okay, Stefan gibt's zu: Er hat an Gottfried Küssel geglaubt. Bis der ihm die Freundin ausspannte und auch noch heiratete. Jetzt hat er endgültig genug von den Neonazis. Und ein Jahr Haft bedingt hat er ihnen auch noch zu verdanken.

25. 6. 1996

Ein Sprayer wollte wen erreichen

Michael (21) wirkt entspannt. Wäre er aufgefordert, 5.000 Schilling zurückzuzahlen, würde er nicht so ruhig dasitzen. Da sie 723.000 Schilling von ihm verlangen – die ÖBB, die Verkehrsbetriebe, das Magistrat – kann er sich bequem zurücklehnen. Um das zu bezahlen, bräuchte er drei Leben und müßte die nächsten zwei anders anlegen. Nicht mit Graffiti.

Er ist ein netter Junge. Und er kommt mit dem Richter gut zurecht. Drei der 58 besprayten Objekte will er ihm unterschlagen. »Auf die kommt's auch nicht mehr an«, meint der Richter. »Okay«, sagt der Sprayer: »Dann war ich's dort wahrscheinlich auch.«

Kriminell ist er sicher nicht. Mit 16 hat er seine ersten Farbdosen bekommen. »Ich sah eine graue Wand und dachte mir, ich verschönere sie.« Leider sah er in der Folge immer öfter graue Wände. »Ich wollte meine Bilder über die ganze Stadt verbreiten.« Und: »Ich wollte jemanden erreichen.« Nicht unbedingt die Staatsanwältin.

»Die Reichsbrücke war ziemlich schnell zugemalt«, erinnert sich Michael. Sein »Tag« (Schriftzug) war »Noize«. Die beamteten Saubermänner freuen sich über jede Signierung. So können sie die Künstler (sie sagen »Täter«) voneinander unterscheiden.

Der Verteidiger hält es mit Dieter Schrage vom Museum für Moderne Kunst: Graffiti sei eine »gestalterische Überhöhung des Alltags«. Der Richter bleibt am Boden der Sachbeschädigung: Eineinhalb Jahre Haft bedingt. Michael würde alle von ihm besprayten Wände persönlich reinigen. »Mit Nagellack geht's weg«, sagt er. »Da brauchen S' aber viel«, meint der Richter.

27. 3. 1996

Die feministische Linke zwängt sich in einen Saal

Draußen fordern »linke, feministische, nicht-parlamentarische Oppositionelle«, wahrscheinlich vergeblich, den sofortigen Austritt Österreichs aus der EU. Den Polizisten geht es dabei ganz gut. Sie sitzen bei laufenden Motoren (also leicht angeheizt) in ihren Bussen und beobachten lustvoll die Protesthaltung einzelner Demonstrantinnen.

Drinnen ist mehr los. Ingrid, Jutta, Susanne und Christine sind prinzipiell nicht bereit, angeklagt zu sein oder sich annähernd so zu verhalten. Jede von ihnen beharrt auf die Anwesenheit von je drei Vertrauensfrauen. Das geht sich mit fünf freien Sesseln schon deshalb nicht aus, weil auch jede Vertrauensfrau Vertrauensfrauen mitgebracht hat. Der Richter will es allen recht machen. Die Frauen dürfen sich Sessel organisieren. Linke, feministische, nicht-parlamentarische Oppositionelle auf Sesselsuche im Grauen Haus – so etwas fällt auf. Ein ängstlicher Polizist öffnet die Tür einen Spalt und fragt den Richter, ob er Verstärkung benötige.

Den vier Frauen wird vorgeworfen, in der Nacht vor der EU-Volksabstimmung im Juni, Mauer- und Blech-Teile Wiens durch »Anbringen von Schriftzeichen mittels Lackierung« verändert zu haben. Niedergesprayt (Zeugen nennen es auch »verunreinigt«, »verdreckt« und »versaut«) wurden: die Stadthallen-Fassade, Baumeister Lugners nagelneuer »Euro-Tunnel«, eine Freiluftbühne, ein paar Schulen, das Landesarbeitsamt und ein ORF-Lkw. Die Botschaft: »Nein zur EU!«, »Frauen gegen die EU!«, »Nein der Frauen zur EU!« Genützt hat's nichts.

Wieso gerade die vier? – Tatzeugen gibt es keine. Nur eine Polizeistreife. Der lenkende Beamte erinnert sich an ein Fahrzeug, das sich »verhältnismäßig unsicher« fortbewegte. Es wurde verhältnismäßig rasch angehalten. Die vier Frauen darin waren unverhältnismäßig unfreundlich. Überdies nahm der Polizist »einen nitro-ähnlichen Geruch« war. Drei Spraydosen, neun Gummihandschuhe und eine Gebäude-Liste wurden sichergestellt. – Das Fundament der Anklage. »Und das einen Tag vor der EU-Abstimmung«, ergänzt der Polizist.

»Bekennen Sie sich schuldig?« fragt der Richter. Jutta und Susanne antworten gar nicht, Ingrid und Christine ausweichend: Sie verlesen ein Pamphlet über Krieg, Faschismus und Nazirichter. Der Prozeß wird vertagt.

19. 1. 1995

Reiz des Ungehorsams

Zivile Ungehorsame fahren, um das Unnötige mit dem Unangenehmen zu verbinden, auf einem Traktor vom Parlament ins Wiener Landesgericht. Vor der Tür wartet schon der Präsident mit einem Heer von Polizisten. Auftakt zum »Ersten politischen Massenprozeß der Zweiten Republik«.

Die Gruppe für Totalverweigerung hat im Herbst 1991 in einem Falter-Inserat dazu aufgerufen, Militärgesetze nicht zu befolgen. Der Staatsanwaltschaft ist nichts Besseres eingefallen, als die rund 300 Unterzeichner zu klagen: Aufforderung zum Ungehorsam gegen Gesetze (Paragraf 281) und Aufforderung zu mit Strafe bedrohten Handlungen (Paragraf 282). Strafausmaß: bis zu zwei Jahre Haft.

Die Richter plagen sich. Im März dieses Jahres hat ein Richter 50 Strafanträge mit dem Hinweis auf das Grundrecht der freien Meinungsäußerung zurückgewiesen und die Verfahren eingestellt. Dieser Beschluß wurde vom Oberlandesgericht aufgehoben.

Der Richter der jetzt gegen 42 weitere Unterzeichner verhandelt, hat schon einmal einen Schuldspruch gefällt. Eine Journalistin wurde wegen des Aufrufs zu drei Monaten bedingter Haft verurteilt. Der Akt liegt beim Europäischen Gerichtshof in Straßburg.

Die Angeklagten sind laut und unordentlich. Der Richter setzt sie eine Viertelstunde lang alphabetisch nebeneinander. Der bei der Jugend noch sehr beliebte Günther Nenning läßt sich mehrmals von einem buchstabenmäßig Vorgereihten vom Platz verdrängen. Das macht Spaß. »Wenn das Gelächter nicht aufhört, räumen wir den Saal«, sagt der Richter. »Ungeheuerlich«, ruft Nenning zurück. Ostbahn-Kurti Willi Resetarits verhält sich – zur Enttäuschung mancher Fans – ruhig, als sei der Prozeß eine ernste Sache.

Dieselbe wird nur am Rande gestreift. Einige Beschuldigte versuchen, ihre negative Haltung zum Bundesheer, also ihre Unterschrift, zu begründen. »Ihre Einstellung interessiert uns nicht«, sagt der Richter: »Es geht hier ausschließlich darum, ob Sie unterschrieben haben.«

Eine Beschuldigte kann sich daran nicht mehr erinnern. Einige andere versuchen die Harmlosigkeit des Inserats mit der geringen Reichweite des Falter zu begründen. Einer wird abgemahnt, weil er ißt und trinkt.

Urteile standen zu Redaktionsschluß noch aus.

25.5.1994

Acht Schritte zum Recht

Somalier verweigert Militärdienst, flüchtet nach Österreich, lernt das Land in Form einer Auffangzelle kennen. Gesetz ist Gesetz. In die Heimat abschieben – gelingt nicht. Direktflüge dorthin gibt es nicht. Drittländer wollen den Schwarzafrikaner nicht. Hier sein darf er nicht. Weggehen kann er nicht. Schubhaft bleibt Schubhaft.

Somalier tritt in den Hungerstreik, nimmt 18 Kilogramm ab, ist nicht mehr hafttauglich, wird in ärztliche Pflege entlassen, kommt dort nicht an. Die Republik ist in Sorge. Gesetz ist Gesetz.

Somalier schleppt sich ins Meldeamt. Frau Magister steht ihm bei. Polizist steht bei ihm. Er muß ihn festnehmen. Er muß ihn wieder in Schubhaft überstellen. Bescheid ist Bescheid.

Frau Magister sagt »Nein«. Polizist mahnt sie ab. Frau Magister bleibt bei »Nein«. Polizist wird ungemütlich. Frau Magister stößt ihn mit beiden Händen zurück. (»Ein Fehler.«) Womöglich Widerstand gegen die Staatsgewalt. Anklage ist Anklage.

Polizist holt Verstärkung. Drei Beamte gegen Frau Magister. »Ich hab' mich gewehrt«, sagt die Angeklagte. »Wir haben sie nicht bändigen können«, erwidert der Zeuge. »Wenn man annimmt, daß mich als Frau drei Polizisten nicht bändigen können, finde ich das seltsam«, entgegnet Frau Magister. »Ich war leicht aufgekratzt«, erinnert sich der Polizist. Womöglich Körperverletzung. Paragraph ist Paragraph.

Somalier kommt in Schubhaft. Frau Magister kommt ins Arrestzimmer. Dort arbeiten sechs Beamte. »Man hat mir fast die Arme ausgerenkt. Man hat mir Handschellen und Fußschellen angelegt, man hat mir ins Gesicht geschlagen, mehrmals, immer wieder«, sagt sie heute. Aussage gegen Aussagen.

Somalier tritt neuerlich in den Hungerstreik, wird aus der Haft entlassen, taucht unter. Frau Magister wird verurteilt. »Widerstand« und »Körperverletzung«: drei Monate Haft bedingt. Sie nimmt das Urteil an – ein besseres würde nicht nachfolgen. Sie trägt die Gerichtskosten. »1.000 bis 2.000 Schilling«, schätzt der Richter. »Billig«, sagt er. Geschäft ist Geschäft.

19. 4. 1996

19 Scheine trügen

Der Angeklagte hat ein Recht darauf, auch nicht abgekürzt genannt zu werden. Er ist Rechtsanwalt. Der Anwalt des Anwalts, sagt über seinen Mandanten: »Er ist der Experte für das Fremdenrecht schlechthin.« Der Hinweis war wichtig. Es geht um Betrug. Der Rechtsanwalt soll sich an 19 Ägyptern bereichert haben. Sie hofften auf ein Visum, sagt die Anklage. Vergeblich zeigt die Praxis.

Was der Angeklagte getan hat, war »vielleicht nicht ganz korrekt«, gibt er zu. Aber weit von den Inhalten des Strafgesetzbuches entfernt. 1993 verschärfte sich das Aufenthaltsgesetz. Ausländer rannten dem Anwalt die Kanzleitür ein. Ägypter überreichten ihm ihre Touristenvisa und wollten arbeiten. Der Anwalt kassierte ihre Reisepässe ein und stellte ihnen für 1.000 bis 2.500 Schilling Belege aus. Inhalt: Antrag auf Erlangung einer Aufenthaltsberechtigung eingebracht. Stimmte zwar nicht, klang aber gut.

Sogar die Fremdenpolizei hatte tiefen Respekt vor diesen mit Paßfotos versehenen Bestätigungen des Fremdenrechtsexperten. Konnten arabische Rosenverkäufer (Zeitungskolporteure, Zettelverteiler) solche Papiere vorweisen, salutierten die Uniformierten sofort ab.

Somit durften die Ägypter wenigstens eine Zeit lang ungestört, wenn auch unbewilligt, ihrer Arbeit nachgehen. Hin und wieder suchten sie beim Anwalt um Verlängerung an und bekamen einen aktuelleren Schein. Ob ihnen tatsächlich Hoffnung auf ein Visum gemacht wurde, ist unklar.

»Eigentlich haben Sie dann nicht die Ausländer, sondern die Behörden getäuscht«, bemerkt der Staatsanwalt. – Würde er so nicht sagen, entgegnet der Angeklagte. Denn die Polizei hätte die Wertlosigkeit der Dokumente mit freiem Auge erkennen müssen.

»Es war damals eben ein unheimliches Schlamassel, die neuen Gesetze brachten alles durcheinander«, erinnert sich der Anwalt. »Typisch österreichisch«, meint der Richter: »Man macht ein Gesetz, und die Sache rennt weiter wie immer.« Der Prozeß wird zur weiteren Beweisaufnahme vertagt.

11. 7. 1996

Richter schießt scharf

Ein cholerischer Richter hatte in einem paranoiden Anfall angekündigt, den Justizpalast in die Luft zu sprengen. »Den Satz habe ich schon oft gehört«, sagt der phlegmatische Richter, der darüber urteilen soll.

Der melancholische Staatsanwalt hält den cholerischen Richter für unberechenbar und kann sich sogar eine Einweisung in eine Anstalt für abnorme Rechtsbrecher vorstellen. Das macht den phlegmatischen Richter cholerisch, weil es den Rahmen seiner Verhandlung sprengt. – Am Ende heißt es: Freispruch. Die Drohungen waren doch eher leer als gefährlich. (Nichtigkeitsbeschwerde.)

Der sanguinische Verteidiger versteht die Aufregung der Frau Amtsdirektor nicht. Sie war geschockt, als der cholerische Richter in einem paranoiden Anfall, da er gerade »korrupte Nepotisten aus dem Ministerium herauszuschießen« in Aussicht stellte, dann auch noch »Geh mir aus der Schußlinie!« schrie. »Wo soll da die Bedrohung sein?« fragt der Anwalt. »Sie sollte ja ohnehin aus der Schußlinie gehen.«

Die Kollegen schätzten und fürchteten den Herrn Rat seit jeher als gespaltene Persönlichkeit. »Einerseits herzlich, andererseits aggressiv«, sagt ein Zeuge. Die Schizophrenie endete im Sommer '97, als sein Posten zu wackeln begann. – Da war er dann nur noch »andererseits«. Täglich erlebten die Kollegen Tobsuchtsanfälle. Einmal galt es, einzelnen Herren im Ministerium »die Eier wegzuschießen«, ein andermal den Justizpalastbrand zu wiederholen, möglichst am 15. Juli, damit das Ganze auch geschichtlich ein Gesicht hat. »Mädels, nehmt's euch an dem Tag frei!« zürnte der Richter im Büro.

Die Frau Amtsdirektor bekam es schließlich mit der Angst zu tun, er könnte tatsächlich einmal Amok laufen. (Und erstattete Anzeige.) Schußwaffen hatte der Sportschütze, der gern auf seine Ranger-Ausbildung verwies, manchmal in Uniform ins Büro kam, und stets sein Jagdmesser bei sich trug, jedenfalls genug. Daheim wurde ein kleines Lager entdeckt.

Wenn der Psychiater die Zeugen so reden hört, ist er leider nicht mehr so sicher, daß der Mann völlig gesund ist. Der suspendierte Richter kann seine Umgebung beruhigen: »Midlifecrisis, meine Herren!«

16. 5. 1998

Das erste Buch von Daniel Glattauer war wochenlang auf den österreichischen Bestsellerlisten!

Gebunden, 190 Seiten
zahlreiche Illustrationen
ISBN 3-85115-244-1
öS 218,-/DM 29,90/sFr 27,50

Was wissen Sie über Tmetterlinge, Fite und Tildkröten? Nicht viel? Gar nichts? Erkundigen Sie sich bei Theo. Er ist zwar erst drei. Doch er weiß über diese Dinge genau Bescheid. Und er redet gern. Mit jedem. Über alles. Wo Theo – altersbedingt – die Worte fehlen, hilft Onkel Dani nach. Aber nur ein bißchen.